Historia de Armenia

Una guía fascinante de la historia de Armenia, empezando por los tiempos antiguos y llegando hasta la Declaración de Soberanía con la que se desligó de la extinta Unión Soviética

© Copyright 2020

Reservados todos los derechos. Ninguna parte de este libro puede reproducirse de ninguna forma sin permiso expreso y por escrito editor concedido. Las citas deben realizarse entre comillas, citando la fuente.

Descargo de responsabilidad: ninguna parte de esta publicación puede reproducirse o transmitirse de ninguna forma ni por ningún medio, incluyendo la fotocopia y la grabación, ni por ningún sistema de almacenamiento o recuperación, ni ser transmitido por correo electrónico sin permiso expreso y por escrito del editor.

Aunque se ha realizado una revisión exhaustiva de las fuentes para verificar la veracidad de información que se facilita en esta publicación, ni el autor ni el editor asume ninguna responsabilidad respecto a los posibles errores, omisiones o interpretaciones contradictorias referidas a la materia tratada.

El único objetivo de este libro es el ocio. Los puntos de vista expresados son exclusivos del autor, y no deben tomarse como recomendaciones u órdenes de expertos en la materia. El lector es responsable de sus propios actos.

El cumplimiento de cualquier ley, regulación o norma, incluyendo las internacionales, federales, estatales y locales que atañen a las autorizaciones profesionales, las prácticas de comercio, de publicidad y todas las cuestiones que afectan a la forma de hacer negocios en los Estados Unidos, Canadá, el Reino Unido o cualquier otra jurisdicción nacional, es responsabilidad exclusiva del comprador o del lector.

Ni el autor ni el editor asumen ninguna responsabilidad u obligación, del tipo que sea, en nombre del comprador ni del lector de estos materiales. Cualquier falta de respeto que pudiera percibirse como tal respecto a un individuo u organización es completamente accidental.

Índice

INTRODUCCIÓN 1
CAPÍTULO 1 - EL HOGAR DEL EDÉN 3
CAPÍTULO 2 - AUGE Y CAÍDA DE URARTU 9
CAPÍTULO 3 - ARMENIA CONQUISTADA 16
CAPÍTULO 4 - UN IMPERIO POR DERECHO PROPIO 24
CAPÍTULO 5 - ENTRE DOS FUEGOS 33
CAPÍTULO 6 - ILUMINACIÓN 41
CAPÍTULO 7 - LOS INMORTALES Y LOS ELEFANTES DE GUERRA 48
CAPÍTULO 8 - UN EMPERADOR ARMENIO 57
CAPÍTULO 9 - TIERRA DE CRUZADAS 63
CAPÍTULO 10 - CONQUISTADOS 71
CAPÍTULO 11 - LA PRIMERA DEPORTACIÓN 79
CAPÍTULO 12 - GENOCIDIO 86
CAPÍTULO 13 - POR FIN LA LIBERTAD 93
CAPÍTULO 14 - ESTUDIO EN TERCIOPELO 100
CONCLUSIÓN 107
FUENTES 109

Introducción

Puede que la humanidad actual naciera en las montañas de Armenia. La Biblia, al menos, cuenta que sobrevivió allí, después de que un terrible diluvio inundara la tierra, ahogando a toda la raza humana. Un grupo de elegidos empezó de nuevo en las laderas del monte Ararat. Y lo cierto es que la supervivencia ha sido la bandera de esta antigua nación a lo largo de toda su historia, una historia tan épica como inspiradora.

La historia de Armenia comienza con un antiguo y glorioso reino, que se ganó el respeto del mundo y acumuló tanto poder como Egipto o Babilonia. Conforme su historia se abre paso entre las tinieblas, cada capítulo de la misma alcanza niveles tan legendarios como otros mucho más conocidos, y con personajes tan importantes como, por ejemplo, Marco Antonio y Cleopatra, Alejandro Magno, Gengis Kan O Federico Barbarroja. Armenia vio crecer el enorme poder de Roma; conoció a los grandes faraones egipcios, la Horda de Oro, la Unión Soviética, aparte de sufrir la primera invasión de la historia de un ejército musulmán. Durante una parte de su historia bastante larga y desagradable tuvo que sufrir el yugo de diversos imperios: el romano, el parto, el persa, el bizantino, el timúrida, el mongol y el otomano, por nombrar solo a unos cuantos.

Y, pese a todo, una y otra vez, Armenia emergió como una nación de sólida identidad, un pueblo que ha sufrido mucho a lo largo de la historia pero que aún saca fuerza de ella tanto en los buenos tiempos como en los malos. A lo largo de estas páginas vamos a describir muchos padecimientos, mucha opresión, mucha persecución, e incluso uno de los mayores crímenes que pueden cometer los humanos, el genocidio. Pero en toda la lectura habrá un hilo conductor dorado, una luz brillante que se podrá apreciar en cada palabra y cada capítulo, y que será ni más ni menos que el propio pueblo armenio.

La historia de ese pueblo es trágica, pero su capacidad de supervivencia es increíble. Y eso es lo que la convierte en increíblemente inspiradora.

Capítulo 1 – El hogar del Edén

Y del Edén salía un río para regar el huerto, y de allí se dividía y se convertía en otros cuatro ríos. El nombre del primero es Pisón; este es el que rodea toda la tierra de Havila, donde hay oro. El oro de aquella tierra es bueno; allí hay bedelio y ónice. Y el nombre del segundo río es Gihón; este es el que rodea la tierra de Etiopía. Y el nombre del tercer río es Tigris; este es el que corre al oriente de Asiria. Y el cuarto río es el Éufrates.

- Génesis 2:10-14

Durante milenios, los investigadores cristianos han buscado el jardín del Edén, el lugar en el que la Biblia sitúa el nacimiento de la especie humana. Muchos de ellos han llegado a la conclusión de que aquel idílico lugar se encontraba en el corazón de una de las naciones más antiguas del mundo: Armenia. Con cuatro ríos que fluyen por sus extraordinarios y ricos paisajes, y entre ellos los dos que hoy conocemos como el Tigris y el Éufrates, no cabe duda de que Armenia es uno de los asentamientos más antiguos de la especie humana. Parafraseando al almirante ingles John Byron, y si creemos lo que dice la Biblia, Adán fue creado con polvo procedente de la tierra de Armenia.

De hecho, con su moderna capital, Ereván, asentada en las laderas del monte Ararat, Armenia no solo podría ser la localización bíblica del nacimiento de la raza humana, sino también la de su renacimiento: fue en esa montaña donde, según las escrituras, el arca de Noé quedó varado tras el diluvio.

Independientemente de la localización real del paraíso terrenal bíblico, lo que sí es cierto es que Armenia ha albergado seres humanos durante muchos miles de años.

* * * *

Hace uno 5500 años, es decir, sobre el 3500 a. C., una figura solitaria caminaba a grandes zancadas por los elevados paisajes de su antiguo paraíso. Rodeado por los majestuosos y elevados picos de las montañas que le rodeaban, se detuvo en un promontorio rocoso a contemplar el magnífico paisaje que se extendía a su alrededor. Ríos y lagos de un azul intenso salpicaban los valles de la llanura; el viento helado azotaba la hierba de las laderas, ondulándola como un mar de color verde. Un rebaño de ovejas pastaba a su alrededor, buscando su sustento allí donde podían en el escarpado paisaje.

El pastor tenía una roja melena que también se agitaba con la fría brisa. Era como una salpicadura de fuego entre los fríos colores de los alrededores, y coronaba una figura bastante diferente a la de las personas de hoy en día, más baja pero muy compacta y poderosa. La mirada del joven perforaba, más que miraba, escrutando la zona montañosa que había convertido en su hogar. Se apoyó en el otro pie, sintiéndose cómodo y bien sujeto, protegido por unos zapatos de cuero. Otras tribus de aquella época calzaban sandalias, pero con el frío de las montañas era básico llevar zapatos cerrados.

El hombre pelirrojo se detuvo solo un momento y reemprendió la marcha, azuzando las ovejas hacia uno de los flancos de la montaña. Por supuesto, no podía saber que uno de sus sencillos zapatos de cuero sería descubierto 5500 años después, y pasaría a la historia como el zapato más antiguo descubierto nunca.

Conocido como el zapato Areni-1, esta antiquísima prenda, más antigua que la construcción megalítica de Stonehenge, fue hallada en un complejo de cuevas situado cerca del actual pueblo de Areni, en Armenia. Es una prueba de que la zona se encontraba en esos momentos en lo que los historiadores llaman el periodo calcolítico, de transición entre la Edad de Piedra y la del Bronce, y también de que la gente llevaba habitando en ese lugar geográfico desde hacía mucho tiempo. Se encontró perfectamente envuelto en tiras de piel de oveja, e incluso se había rellenado con hierba, quizá con la idea de mantener su forma cuando se calzaba. Durante el periodo calcolítico se empezaron a utilizar los metales, por lo que se lo conoce también con la denominación coloquial de Edad del Cobre, lo cual resulta curioso, puesto que los restos de ADN que se han podido aislar en las mismas cuevas de las que procede el zapato indican que al menos uno de sus antiguos habitantes tenía los ojos azules y era pelirrojo.

No se sabe demasiado acerca de estos antiguos armenios, y menos aún de otras culturas que vivieron durante este periodo, pero lo que sí sabemos es que llevaban asentados allí mucho tiempo. En el conjunto de cuevas Areni-1 se han recogido bastantes muestras, y varias de ellas más antiguas que el zapato de nuestro pastor pelirrojo. Hay enterramientos de hace por lo menos 6000 años, sacados a la luz en 2007 por un equipo conjunto de investigación formado por irlandeses y armenios. De ellos se extrajo la calavera de un preadolescente de la Edad de Piedra, conservada en terreno arcilloso y que albergaba tejido cerebral increíblemente bien conservado. En esas cuevas hubo hasta una prensa de vino, que es la más antigua que se conoce. De hecho, los zapatos que imaginamos que protegían los pies de un pastor en realidad podrían haberse diseñado para pisotear uvas, extraer su zumo y elaborar a partir de él esa antiquísima bebida alcohólica que aún consumimos con tanta fruición.

La cultura Shulaveri-Shomu es una de las primeras de Armenia de las que se tienen noticias; habitaron el lugar poco antes que el pelirrojo de los zapatos, sobre el 4000 a. C. Después siguieron la

Kurá-Araxes, ya en la Edad del Bronce, que recibe su nombre de uno de los ríos junto a los que se asentaron, el Araxes (el nombre significa "que fluye deprisa", o también "armonioso"; es el mismo significado que el nombre Gihón, mencionado en la descripción bíblica del Jardín del Edén). Finalmente, la cultura Trialeti-Vanadzor se desarrolló alrededor del 1600 a. C., tanto en Armenia como en sus alrededores, incluidas las actuales Turquía y Georgia.

Uno de los primeros armenios de los que conocemos su nombre es un héroe del folclore local que vivió más o menos en el 2500 a. C., es decir, unos mil años después del hombre que llevaba el zapato del que hemos hablado. Pero esa historia es muy antigua, y solo se basa en la tradición oral, por lo que resulta muy cuestionable que sea real. No obstante, aunque la arqueología aún no ha logrado establecer los orígenes exactos del pueblo armenio, desde hace muchos siglos la tradición popular los lleva hasta un héroe singular: Hayk Nahapet.

* * * *

"Nahapet" significa patriarca en armenio, y se considera a Hayk el progenitor único de todo el pueblo armenio. Según la tradición, sirvió inicialmente a Nemrod, un cazador, guerrero y finalmente fundador y rey de Babilonia. Hayk, inicialmente súbdito del antiguo imperio babilonio, se hartó de su nuevo rey, Bel, y emigró hacia las laderas del monte Ararat, en las cercanías de cuya cima todavía se encontraban los restos de la antiquísima arca de Noé.

Tras fundar un pueblo que bautizó con su propio nombre, Hayk mantuvo la decisión de seguir viviendo allí, pese a las llamadas de Bel para que regresara a Babilonia. El petulante rey se enfadó y se dirigió hacia el pueblo de Hayk con un gran ejército, decidido a arrasar Haykashen.

Pero Hayk no era un personaje que se dejara amedrentar fácilmente. Había aprendido bien de Nemrod, un guerrero heroico que fue capaz de crear un imperio que Bel dirigía con maldad y abuso. Armado con un arco, reunió un pequeño ejército en las orillas del lago Van y allí, donde las aguas del gran lago, tranquilas y cristalinas, reflejan las altas montañas que lo rodean, tuvo lugar la batalla de los Gigantes

Cuando los babilonios descendían por la ladera de la montaña, Hayk enseguida divisó la odiada figura de Bel entre los soldados de la vanguardia. Escogió una flecha, la colocó en el arco y lo extendió con sus poderosos brazos. Fijó los ojos brillantes en el pecho de su gran enemigo, y pese a los gritos de batalla de los soldados de Babilonia y Haykashen, que ya empezaban a escucharse, Hayk solo prestó atención al suave crujido de la madera del arco. Tomó aire y lanzó la flecha, que se deslizó por el aire, atravesando una distancia imposible. No podía alcanzar su objetivo, estaba muy lejos. El pequeño grupo de guerreros de Hayk sucumbiría al poder de Babilonia.

Pero no fue así. Fiera y directa, la flecha atravesó toda la distancia y se calvó en el corazón de Bel, que se desplomó. Su ejército se desorganizó, asustado y sin dirección, por lo que el pequeño grupo de Hayk lo destruyó. Babilonia sufrió una derrota total.

* * * *

Según la tradición, la legendaria batalla de los Gigantes tuvo lugar el día 11 de agosto del 2492 a. C. No se sabe si la historia tiene algo de verdad; en cualquier caso, hoy en día la palabra armenia para una persona natural de la región es *hay*, y para el país, es decir, Armenia, *Hayk*.

En el año 1446 a. C. la nación fundada gracias a aquella singular flecha lanzada por Hayk era conocida con el nombre de Hayastán, y también con el nombre de reino de los Hayasa-Azzi. Había crecido mucho, hasta convertirse en una de las mayores potencias del mundo antiguo, respetada incluso por los faraones egipcios de la época. Los historiadores reconocen que Tutmosis III fue el faraón más poderoso del antiguo Egipto, pues controló un territorio más vasto que el del resto de los faraones. Lo extendió desde Siria hasta Nubia tras diecisiete campañas de conquista. Pero Hayastán nunca se sometió al yugo de Tutmosis, que utilizaba el nombre de "Ermenen" para denominar ese territorio, muy parecido al actual, Armenia. También escribió acerca de su belleza. «El cielo estableció allí los cuatro pilares que lo sujetan», dijo en uno de sus escritos.

Alrededor del 1200 a. C., cuando la Edad del Bronce empezaba a llegar a esa zona de la tierra, el reino de los Hayasa-Azzi había desaparecido de las páginas de la historia. La antigua unidad del reino había desaparecido, siendo sustituida por una serie de tribus, diseminadas por el territorio armenio. En cualquier caso, todos sabían que permanecer juntos les daba fuerza, aunque el reino hubiera caído. En las tierras altas se estableció una confederación de tribus, alrededor del mismo lago en el que Hayk había empezado a escribir su destino. El peor enemigo del grupo, la poderosa y vecina Asiria, le dio el nombre de "Nairi" ("Tierra entre los ríos"). Pese a su potencia, los asirios no fueron capaces de derrotar y conquistar a la confederación de Nairi. Si se incluían todas las tribus Hayasa-Azzi, su fuerza era formidable, tanto como para mantener a raya el ansia expansiva de los asirios y de los hititas.

Durante los cien años siguientes, Nairi fue consolidando una fuerza creciente. Pero el poder que le seguiría, un reino formado alrededor de la montaña en la que quedó varada el arca de Noé, llegaría a ser aún más poderoso.

Capítulo 2 – Auge y caída de Urartu

Teniendo en cuenta que el reino de Urartu no fue identificado como tal por los arqueólogos hasta el siglo XIX de nuestra era, tras haber desaparecido de la historia durante casi mil años, es normal que su nombre no le resulte familiar al lector contemporáneo. Urartu fue el nombre que utilizaron los asirios para denominar al gran reino que surgió de la confederación Nairi; no obstante, su nombre hebreo sí que resultará familiar a nuestros oídos: Ararat, es decir, el mismo que el de la montaña bíblica a cuyos pies se formó el reino del que hablamos.

Los mismos asirios que pusieron el nombre de Urartu a ese reino fueron los que forzaron a la confederación de tribus Nairi a convertirse en algo más que eso. El Imperio asirio, que fue primero de la historia que se puede denominar como tal, fue uno de los poderes más formidables del mundo hasta ese momento. Su última fase, que los historiadores llaman nuevo Imperio asirio, también tuvo un enorme poder. Tras su inicio en el 911 a. C., resultó prácticamente imposible de batir. Reinos de un poder tan imponente como Egipto y Judea, con capital ya en Jerusalén, fueron derrotados por las hordas de soldados y carros. No había nadie capaz de hacerles frente.

En comparación con los judíos, que habían caído casi por completo frente a los asirios, Los Nairi no era nadie. Resultaba imposible que su pequeña confederación tuviera la más mínima posibilidad de resistir a Asiria, o al menos, sobre el papel, eso parecía. Pero surgió un líder carismático que se alzó ante los invasores, ávidos de saquear sus tierras, un hombre capaz de hacer lo que fuera necesario para defender a su pueblo, sus tierras y su reino emergente. Ese hombre se convirtió en el rey Arame, el primero de los Urartu.

Arame fue un líder tan poderoso que se convirtió en legendario. El folclore armenio lo considera uno de sus héroes más importantes, y se conoce como Ara el Hermoso. Ara el hermoso fue un guerrero tan noble y guapo que atrajo la atención de Semíramis, una hechicera. Tras ser rechazada por Ara, Semíramis le declaró la guerra a su reino, y ordenó a sus soldados que capturaran vivo a Ara. Pero Ara murió en la lucha, y la desconsolada Semíramis le devolvió la vida, y así terminó la guerra con su reino.

No parece probable que la nigromancia tenga cabida en la verdadera historia de Arame, pero no cabe duda de que fue un líder muy capaz, ya que resistió los ataques del rey de Asiria, Salmanasar III. Unió bajo su mando a las distintas tribus para formar un frente común contra los asirios, y se convirtió en rey de Nairi en el año 858 a. C. Bajo su mandato, los Nairi plantearon una férrea defensa de su territorio. Salmanasar logró hacerse con la capital, pero no se apoderó de todo el territorio, y sus dirigentes no se sometieron al yugo asirio durante los siglos que duró dicho imperio.

Arame puso las bases de un reino que no pararía de crecer hasta convertirse en una de las mayores potencias de el Oriente Medio de la época. Al final de su reinado, Armenia ya no era solo una confederación de tribus, sino un verdadero reino, el reino de Urartu. Su sucesor en el trono fue Sarduri I, cuyos orígenes familiares no están claros; puede que fuera hijo de Arame, pero algunas fuentes lo consideran hijo de Lutipri, lo que lo convertiría en un usurpador. Independiente de su legitimidad a la hora de ocupar el trono, siguió los pasos de Arame, y se convirtió en un líder muy poderoso. Aunque la antigua capital del reino había caído en manos de los asirios, Sarduri continuó la tarea de unificar a su pueblo. Fundó una nueva capital en el año 830 a. C., en las orillas orientales del lago Van, la mismísima zona en la que el legendario Hayk había plantado cara a las hordas enemigas.

La nueva ciudad, llamada Tushpa, cambió posteriormente de nombre, pasando a ser Van. En todo caso, su ciudadela de piedra conformaba un punto fuerte en el que Sarduri pretendía resistir los ataques de los asirios. Y sus esperanzas se hicieron realidad. Aunque Salmanasar intentó tomar la ciudad, no lo logró. Urartu empezó a hacerse un sitio en el mapa de la antigüedad como pequeño reino, extraño y tozudo, al que los asirios no eran capaces de derrotar.

Ishpuini, el sucesor de Sarduri, se convirtió en rey tras su muerte en el 828 a. C. La ciudad de Tushpa solo llevaba dos años construida, pero el reino de Urartu empezaba a sentirse más fuerte y seguro. De hecho, Ishpuini fue el primer rey de Urartu que cambió la estrategia defensiva por la de ataque y expansión. Ni que decir tiene que no cometió la estupidez de atacar a los asirios, sino que se fijó un objetivo mucho más fácil: la ciudad de Musasir. No hay certeza acerca de su localización exacta (hay un punto arqueológico cerca del lago Urmia, en Irán, que podría ser esa ciudad), pero lo que sí que está claro es que estaba en las cercanías de Urartu y que Ishpuini centró su atención en ella. Se anexionó la ciudad y, a partir de ese momento, dedicó sus fuerzas al desarrollo de la religión y la cultura, en lugar de a la guerra. La religión de Urartu era politeísta, y parece que Ishpuini era muy devoto. Convirtió Musasir en la capital religiosa de Urartu y realizó frecuentes peregrinaciones al lugar, inculcando a su pueblo el culto a Haldi, un dios guerrero que posiblemente fuera también el dios del sol. Ishpuini fue también el primer rey que dejó escritos en su propia lengua.

El rey Menua, que gobernó conjuntamente con Ishpuini, contribuyó a expandir las fronteras del reino. En el momento en el que se convirtió en rey único, más o menos en el 810 a. C., el reino dejó de llamarse Nairi, pasando a ser Bianili, es decir, "de Biani", que era el nombre de la región que rodeaba al lago Van.

Los asirios estaban sufriendo una época de estancamiento, así que los antiguos armenios pudieron dedicarse a consolidar y aumentar su poder, en lugar de preocuparse solo de defenderse. Lo cual condujo a un periodo de prosperidad para el pueblo llano de Urartu, durante el que se desarrolló una cultura compleja y fascinante. Como sus antecesores de los tiempos prehistóricos, los urartianos se dedicaban sobre todo a la elaboración de vino y al pastoreo, aunque probablemente eran más diestros criando caballos. En las tierras altas, aunque eran rocosas, crecía una hierba de gran riqueza alimenticia, de modo que los animales crecías sanos y fuertes, y eran capaces de subir y bajar por los prados acarreando cargas. Cuando se los bajaba a las llanuras, su capacidad pulmonar era bastante mayor que la de otros congéneres. Por ello, eran más veloces que los caballos asirios que tiraban de sus temidos carros, lo cual era bueno para Urartu tanto en tiempos de guerra como en la paz. El comercio de caballos con los asirios creció, y las arcas de los antiguos armenios de llenaron de oro. Además, se cree que los urartianos fueron uno de los primeros pueblos en montar caballos sobre su grupa, en lugar de utilizarlos para tirar de carros.

El arte fue otra de las aficiones del pueblo de Urartu. Construyeron magníficos templos, usando normalmente roca caliza, muy abundante en la región, y decorándolos con piedra tallada e inscripciones y con pinturas sobre paredes lisas y enlucidas. Sus colores favoritos eran el azul y el rojo, ambos brillantes, y las escenas representaban tanto la vida cotidiana como sus creencias religiosas. También eran muy capaces trabajando el metal. Utilizaban el bronce para hacer estatuas, pero también para cuestiones más triviales, como los goznes de las puertas. Cuando empezó a desarrollarse la Edad del Hierro, los urartianos no se quedaron atrás, y utilizaron profusamente dicho metal.

Durante el reinado de Argishti I, en el siglo VIII a. C., Urartu alcanzó el culmen de su poder. Sus fronteras se extendían por lo que hoy es Armenia y partes de Turquía, Georgia e Irán, y se trataba de una formidable potencia que, además, se desarrolló en una época de la historia en la que Asiria lo aplastaba casi todo a su paso. Y, pese a que hacía relativamente poco tiempo había firmado un tratado de paz con sus expansionistas vecinos, Urartu sufrió una nueva invasión asiria. Y esta vez no hubo un Arame capaz de salvarlo.

* * * *

El rey Rusa I de Urartu estaba casi al borde de la desesperación.

Tiglatpileser III, el mismo rey asirio citado en la Biblia que asoló las tierras y aterrorizó a las poblaciones de Judea, había pasado sus primeros años atacando el reino de Rusa I, a finales del siglo VIII a. C. El rey asirio invadió muchos territorios de Urartu y causó estragos tanto en las ciudades como en la hasta entonces floreciente economía de Urartu, convirtiéndolo en una auténtica sombra de lo que había sido con Argishti I. Y tras la muerte del belicoso Tiglatpileser III en el año 727 a. C., el periodo de tranquilidad que experimento Urartu tras su muerte no resultó ser el camino hacia una nueva prosperidad, sino un simple y corto respiro. Sargón II asumió el trono asirio en el 722 a. C., y en el 715 puso los ojos en una nación que era una espina clavada para Asiria desde hacía mucho tiempo. Esa nación era Urartu, por supuesto.

La amenaza de guerra abierta entre Asiria y Urartu llevaba mucho tiempo encima de la mesa ya mucho tiempo. Y estalló con toda su fuerza en el año 714 a. C. Como todos los reyes de Urartu anteriores a él, Rusa I no delegó en sus generales el mando directo del ejército, sino que lo encabezó él mismo, situándose en pleno frente de batalla en todo momento y blandiendo la espada contra las ingentes cantidades de soldados enemigos e invasores. Vivió en primera persona una derrota detrás de otra, pues los recursos de Urartu, ya diezmados durante decenios, no servían para contener a un imperio como Asiria, en la cima de su poder. Así que Sargón II sembró la destrucción a su incontenible paso.

Para empeorar las cosas, los cimerios, un pueblo de nómadas procedentes del Cáucaso, escogieron precisamente el año 714 a. C. para invadir Urartu, es decir, el momento álgido de la guerra con Asiria. Rusa hizo lo que pudo para librar dos guerras a la vez, pero estaba claro que Urartu no era capaz de contener las dos hojas de la tijera, y tampoco ayudaba nada el hecho de que todo ello se producía tras muchos años de opresión y decadencia.

En esos momentos Rusa se enfrentaba no solo a la amenaza de sus enemigos, sino también a la pérdida de una ciudad que era el auténtico corazón del pueblo y la fe del pueblo de Urartu. La batalla del monte Waush fue una de las pocas victorias de Rusa, y tras poner en fuga a Sargón y sus tropas, el rey empezó a confiar en que quizá el signo de la guerra estuviese cambiando. Podía ser que Urartu, después de todo, terminara saliendo también de ese momento de extrema dificultad. Pero el orgullo de Sargón había sufrido una profunda herida debido al modo en el que había huido su ejército, con el rabo entre las piernas, y no pensaba en otra cosa que en vengarse de Rusa como fuera y cuanto antes. No había una ciudad que significara más para Rusa y su pueblo que Musasir, así que Sargón se dirigió a la conquista de la ciudad santa.

La noticia de que Musasir ardía por los cuatro costados seguramente significó para Rusa lo que significaría para un musulmán actual saber que la Meca había sido destruida. Fue un golpe devastador, demasiado para un rey que ya había sufrido desesperadamente durante prácticamente todo su reinado. La mayor parte de sus años como rey se los había pasado luchando en una guerra desigual y en primera línea; Rusa sabía que su reino, una vez conquistado, caería en el olvido, y que no había ninguna posibilidad de impedirlo. Al enfrentarse con la desesperación de su pueblo ante la inclemente destrucción de su querida ciudad, ya reducida a cenizas, Rusa no fue capaz de ver ninguna salida, así que se quitó la vida con su propia espada.

Muerto su rey, los urartianos no tenían otra salida que intentar negociar la rendición con los asirios. Se vieron forzados a pagar un tributo al imperio, enorme si tenemos en cuenta el empobrecimiento causado por tantos años de guerra.

En cualquier caso, el hijo de Rusa, Argishti II, se negó a rendirse y, asumiendo el peso del legendario nombre que llevaba, intentó restaurar el poder de Urartu y acercarlo al que tuvo durante el siglo IX. Al inicio del siglo VII a. C., Argishti, pese a los tributos que había que pagar a Asiria, había logrado recuperar parte de la potencia económica de la que Urartu había disfrutado durante el siglo IX, así como desarrollar el florecimiento de las artes tras un siglo de decadencia. Pero finalmente, en el año 612 a. C., cuando los medos y los escitas unieron sus fuerzas para conquistar Asiria, Urartu finalmente desapareció como reino. Los medos invadieron el país y tomaron su capital, que en aquellos momentos se llamaba Van, en el año 590 a. C.

Urartu había desaparecido, pero su pueblo seguía viviendo allí; eso sí, oprimidos por el yugo de los medos y los escitas. Por desgracia, fue solo la primera vez que tuvieron que probar el amargo sabor de la opresión. Los siglos venideros supusieron casi un desfile de conquistadores, atraídos por la riqueza en recursos naturales de las tierras de Urartu, que pronto empezó a ser un lugar conocido con otro nombre, un nombre que perdura hasta nuestros días: Armenia.

Capítulo 3 – Armenia conquistada

En comparación con otras antiguas potencias, no se sabe demasiado acerca de la que conquistó Urartu en el 585 a. C. Los medos eran un pueblo bastante misterioso de orígenes inciertos. Vivieron durante siglos en un lugar que se denominaba Media, hoy día dentro de Irán, pero al parecer no eran otra cosa que un grupo de tribus más o menos desperdigadas que distaban bastante de ser un auténtico reino hasta que Ciáxares I se convirtió en su primer rey verdaderamente ambicioso, que forjó un auténtico imperio en el año 625 a. C. Tras unos pocos años, Ciáxares había conquistado ya la ciudad de Nínive y, consecuentemente, Asiria, convirtiendo así a Media en una de las potencias más importantes del antiguo Oriente Medio. En comparación, apoderarse del debilitado reino de Urartu fue un juego de niños para los medos.

De todas formas, los días de gloria de los medos no duraron toda la vida. Lo cierto es que ningún imperio prevalece para siempre, y Media no fue una excepción: solo tuvieron que pasar setenta y cinco años antes de que tuvieran que hincar la rodilla ante una de las mayores potencias que conoció la antigüedad; el primer Imperio persa, también conocido como el Imperio aqueménida.

No es habitual que un dirigente conquistador, que construyó un vasto imperio y que ha pasado a la historia con el epíteto de "el grande", un guerrero que ostentaba un increíble poder, se recuerde como un rey benevolente y compasivo. Ciro el Grande fue uno de ellos.

Dice la leyenda que Ciro era el príncipe heredero de Media, pero que un sueño profético hizo que su padre, el rey Astiages, lo abandonara a su suerte en el bosque cuando era un niño. Ciro fue criado por pastores y volvió a tomar posesión del reino que le correspondía por derecho de sucesión, pese a haber crecido en un ambiente humilde. Sin embargo, es más probable que fuera hijo de un dirigente menor en el imperio de Astiages y que se convirtiera en rey de toda Persia a finales del siglo VI a. C. Sea como fuere, puede que naciera como heredero de un rey o dirigente, pero el caso es que en principio no era nadie, solo un vasallo de Astiages. Y lo fue hasta el año 550. En ese momento reunió un pequeño ejército y sitió Ecbatana, capital de Media y lugar de residencia de Astiages. Probablemente con la ayuda del comandante en jefe de las fuerzas medas, que también estaba harto del yugo de Astiages, Ciro venció a su señor y se convirtió en el dirigente más poderoso de la meseta iraní. Se coronó rey de Persia y decidió crear un imperio mucho mayor que cualquiera de los que habían conocido hasta entonces Media y Persia.

¡Y vaya si lo hizo! Ciro logró vencer hasta a la propia y poderosísima Babilonia, por aquel entonces una de las mayores potencias del mundo conocido... y sin derramar ni una sola gota de sangre. El pueblo había oído hablar de su bondad y benevolencia, que no tenían nada que ver con la forma de actuar de sus dirigentes, y le abrieron las puertas en cuanto llegó. De hecho, tras destronar a los brutales opresores que hasta ese momento habían dirigido Babilonia, Ciro fue el que liberó a los judíos allí cautivos, y al hacerlo, probablemente salvó del olvido y la oscuridad la fe de ese pueblo, y consecuentemente la cristiana, derivada de ella. También es el responsable de la elaboración del Cilindro de Ciro, la primera declaración de derechos humanos, que estipulaba que sus súbditos tenían derecho a vivir pacíficamente, a practicar su propia religión y a vivir según su cultura y costumbres.

Ciro el Grande logró formar un gran imperio, conocido como el Imperio aqueménida, al que anexionó todas las tierras de Media, y Urartu, que por aquel entonces ya se conocía como Armenia. El pueblo, que había sufrido el desastre de la guerra y las penurias económicas tras la destrucción del reino empezó a vivir en paz, al menos parcialmente. Ciro murió el año 530 a. C., probablemente en batalla contra nómadas rebeldes en los confines de su imperio. Y los reyes aqueménidas que lo siguieron fueron mucho menos magnánimos, es decir, bastante más "normales" para la época, que su predecesor.

Muy pronto, los armenios, que se habían empobrecido mucho debido a la destrucción causada por la guerra, empezaron a sufrir también una tremenda opresión por parte del imperio que los dominaba. Los aqueménidas empezaron a imponer unas tasas cada vez más crecientes a Armenia, y además deseaban apoderarse de lo mejor que había en la zona: sus caballos. Los caballos armenios, rápidos, duros y fuertes resultaban un arma de valor incalculable para las actividades guerreras de un imperio en expansión, y por eso los invasores aqueménidas empezaron a llevárselos en grandes cantidades. De hecho, Armenia tenía que entregar a los persas aqueménidas nada menos que 20000 potros al año. Para un país cuya economía se basaba casi exclusivamente en la producción de potros, se trataba de una pérdida devastadora.

La vibrante cultura que se había desarrollado durante la época de esplendor de Urartu se vio sofocada por el hambre y la necesidad. El pueblo que con tanta pericia y pasión se había dedicado a trabajar los metales ahora solo buscaba la mera supervivencia. Vivían en pequeños pueblos o en cuevas de las laderas de las montañas, pues no estaban en condiciones de construir casas ni de sobrevivir en las ciudades. De hecho, pasaron a la condición de seminómadas; dado que su riqueza se reducía casi exclusivamente a los rebaños de ovejas y vacas y las manadas de caballos que aún conservaban, se vieron obligados a seguir las rutas de los pastos, con migraciones estacionales en invierno y en verano en busca de hierba. Incluso los majestuosos viñedos que en su día alimentaron la producción de vino más antigua que se conoce quedaron abandonados. De hecho, se sustituyeron por campos de cebada para producir alimentos básicos. Lo poco que quedaba se fermentaba para fabricar simple cerveza en lugar de los viejos vinos que la gente bebía en los viejos tiempos.

En contraste con el pueblo llano, que sobrevivía a duras penas, los oficiales gubernamentales de Armenia, que se había convertido en una satrapía (provincia en términos persas) vivían en una burbuja de pleno lujo, pompa y esplendor. Tenía casas muy grandes con mucho espacio, con todas las delicias que los armenios habían podido guardar tras la caída de Urartu, es decir, vino, carne de res y pasas. Y también se hicieron con decenas de miles de caballos que enviaban a Persia para que los conquistadores de Armenia pudieran subyugar a otras naciones como la suya. En esas condiciones, no había forma de que el pueblo llano armenio lograra ningún tipo de estabilidad económica.

Para echar más sal en la herida, la brillante cultura armenia fue hecha añicos; hasta su religión desapareció. Aunque apenas hay evidencias de una conversión forzada, durante los doscientos años que duró la ocupación aqueménida en Armenia, su antigua fe desapareció para siempre. En su lugar, se empezó a practicar la religión imperante en el resto del imperio, el zoroastrismo.

Los orígenes de la religión del zoroastrismo, una de las fes monoteístas más antiguas del mundo, son bastante oscuros. Algunos dicen que surgió alrededor del 1500 a. C., pero otros que apareció precisamente en los tiempos de Ciro el Grande. En cualquier caso, quien primero puso en práctica dicha religión fue un profeta que previamente había sido politeísta, cuyo nombre era Zoroastro, o

Zaratustra. Les habló a sus seguidores acerca de una visión que había tenido sobre un dios único, idea que resultaba bastante extraña en una región en la que se veneraba a muchos dioses, aunque fundamentalmente a los del sol y la luna. Sus ideas se fueron expandiendo al mismo ritmo que las conquistas del Imperio aqueménida, y se convirtió en mayoritaria en la mayor parte de la zona de Oriente Medio, hasta que fue sustituida por el islam tras la conquista de Persia alrededor del 651 de nuestra era.

Para los armenios, el zoroastrismo era un concepto absolutamente extraño, absolutamente alejado de los dioses a los que habían adorado sus antepasados cercanos. De todas maneras, la religión de Zoroastro se fue abriendo camino en los corazones de los armenios, eliminando las reliquias de sus antiguas creencias y códigos morales según los que habían vivido. Así que la antigua religión desapareció y, finalmente, la mayor parte de los armenios pasaron a profesar las mismas creencias que sus conquistadores.

Las condiciones de la conquista irritaban sobremanera a los armenios, pero no tenían forma de evitarlas: el sufrimiento, la lucha por la supervivencia y le realidad de que los impuestos eran muy semejantes a los que sufrían otros pueblos les impedía rebelarse. Durante casi doscientos años, Armenia siguió pasándolo mal, pero las ansias de rebelión empezaron a desarrollarse en un campo fértil y bien abonado por el descontento.

Pese a caer en manos de los aqueménidas, la región de Armenia era gobernada por un sátrapa (nombre que se les daba a los gobernadores del imperio, y "satrapía" a las provincias). En el siglo IV a. C., uno de los sátrapas se alzó en defensa de su pueblo.

De sangre probablemente armenia, al contrario que la mayor parte de los demás sátrapas, que solían pertenecer a la nobleza e incluso la realeza aqueménida, lo más probable es que Orontes I llegara al puesto de gobernador de Armenia gracias a su arrojo en la guerra que libró el rey Artajerjes II contra los rebeldes chipriotas. Pero cuando

Artajerjes le dio la orden a Orontes de trasladarse a otra satrapía, este se rebeló contra él.

Orontes no era el único sátrapa que quería cambios. Datames, sátrapa de Capadocia, y Ariobarzanes, de Frigia, también llevaban luchando desde el año 372 a. C. en la que ahora llamamos la gran rebelión de los sátrapas. Recibieron el apoyo del faraón de Egipto Nectanebo I, y también de sus sucesores en el trono del país del Nilo, que era un enemigo secular del Imperio aqueménide. El caso es que los sátrapas insatisfechos empezaron a presionar a sus superiores, a los que consideraban opresores. Orontes se unió a su lucha en el año 362 a. C., diez años después del comienzo de la revolución iniciada por Datames, e inicialmente las cosas empezaron a ir bien, y el pueblo lo consideró un auténtico salvador. Pero esa confianza pronto se vio frustrada. Gracias a la ayuda de los egipcios, los sátrapas obtuvieron bastantes victorias militares contra los aqueménides, y la potencia del Imperio persa no fue capaz de aplastar la rebelión de los sátrapas en el campo de batalla, aunque sí que lo logró gracias al cáncer, lento pero inexorable, de la traición, que se abrió camino en el mismísimo corazón de la revuelta.

Ariobarzanes fue el primero en caer. Pese a que durante tres años recibió el apoyo del poderoso rey de Esparta, no logró ganarse a su propio hijo, Mitrídates, que lo traicionó pasándose al bando de Artajerjes II. En el año 363 a. C. el rey capturó a Ariobarzanes y lo ajustició crucificándolo. El año siguiente Datames también fue traicionado, en este caso por su yerno.

El final de la revuelta en Armenia no tardó en llegar. Nadie traicionó a Orontes, pero fue él quien traicionó a su propio pueblo. Se volvió contra la revuelta que, en un principio, él mismo había acaudillado. Así, la "gran rebelión" de los sátrapas terminó en medio de la ignominia y la traición. El sátrapa armenio fue ampliamente recompensado por el fin de la revuelta, pues se le asignaron las tierras que habían correspondido a Datames, su antiguo compañero, además de mantener el título de gobernador de Armenia. Los descendientes de Orontes mantendrían la satrapía, por lo que fue el iniciador de la dinastía oróntida de sátrapas armenios, que más adelante pasaron a ser reyes.

Pese al fracaso de la rebelión, Armenia no tardó mucho en liberarse del puño de hierro de los aqueménidos. Lo que pasa es que, al menos durante un corto periodo de tiempo, la situación no mejoró para el pueblo armenio. Y es que los aqueménidos estaban a punto de ser derrotados, pero no por una rebelión interior del pueblo, sino por una potencia aún más grande que ellos. Un guerrero joven y sin embargo enormemente curtido y belicoso, procedente del este, atacó con un ejército y unas tácticas bélicas que ni siquiera el Imperio aqueménida logró contrarrestar.

* * * *

Alejandro se recuperaba de una enfermedad, la inferioridad numérica de sus tropas era enorme y tenía menos años que los generales de los ejércitos aqueménidos llevaban librando batallas. No obstante, estaba convencido de que Persia pronto sería suya.

Con solo veintitrés años, Alejandro había gobernado Macedonia durante tres años desde el asesinato de su padre, Filipo II. Para honrar a su padre, Alejandro estaba decidido a terminar lo que él había empezado: la conquista de Persia. Aunque esa empresa podía parecer una locura para un joven con escasísima experiencia, Alejandro estaba convencido de que los dioses lo respaldaban. Dice la leyenda que resolvió lo que hasta entonces había sido imposible de resolver, deshaciendo el "nudo gordiano" o, para ser más exactos, rompiéndolo de un certero espadazo; también había tormentas antes de las batallas: sin duda la voz de ánimo de los dioses. Pero detrás de los triunfos de Alejando había algo más que simple buena fortuna: su genio militar era enorme.

El rey persa Darío III aún no había podido experimentar la brillantez y la pericia del joven macedonio. Con su ejército de más de cien mil hombres, pensaba no solo poner en fuga a las tropas de Alejandro, sino cortarles la retirada y masacrar a los macedonios, poniendo fin de una vez por todas a sus ansias de conquista. No podía estar más equivocado.

El día que se enfrentó con Alejandro en las planicies costeras de Iso había más de cuarenta mil armenios entre las tropas de Darío. Por su parte, Alejandro comandaba unos treinta mil hombres, diezmados por la malaria y agotados tras meses de lucha. No obstante, el fiero y joven rey macedonio, a lomos de su negro corcel de guerra, Bucéfalo, inspiró un enorme fervor y esperanza en sus hombres y los dirigió con extraordinaria habilidad. Aprovechando la abrupta dureza del terreno, Alejandro lideró el grupo más avanzado de su ejército, incitando a los mercenarios persas a introducirse entre los huecos que dejaban sus tropas y clocándolos donde quería, rodeados de macedonios. Tras pocas horas de batalla, los aqueménidos huían sin orden ni concierto. Darío III fue capturado y allí acabó el gran Imperio aqueménida.

Por lo que se refiere a los armenios, que luchaban por un imperio que llevaba tantos años esquilmándolos a base de impuestos, murieron en grandes cantidades de forma parecida a como habían vivido: rotos por las espadas, aplastados y destrozados por el bien del Imperio aqueménida.

Capítulo 4 – Un imperio por derecho propio

Figura I: Mapa del imperio armenio en su apogeo, bajo el mandato de Tigranes el Grande, también conocido como Tigran

La vida de Alejandro Magno fue una estrella fugaz, un brillante cometa que resulta tan brillante como breve. La conquista de Persia solo fue el comienzo de sus éxitos militares. La batalla de Iso le dejó el camino libre para llegar al corazón de Persia, y desde allí conquistó Egipto en el año 331 a. C., y continuó hacia Irán, la India y Babilonia (lo que hoy es Irak). Nada ni nadie podía detenerle. Se convirtió en el rey del mundo conocido, y amplió las fronteras de su pequeña patria macedonia hasta extremos que su padre, muy ambicioso, ni siquiera podría haber soñado.

En realidad, el impacto histórico de Alejandro podría haber sido aún mayor si un giro del destino no hubiera cavado con la vida del joven emperador. Entre sus objetivos estaban la toma de Cartago y de la mismísima Roma. Si hubiera conquistado Roma, por entonces una república y no un imperio, el curso de la historia seguramente habría sido muy diferente. No obstante, Roma se desarrolló durante unos mil años más gracias a un ataque de malaria, que se llevó por delante la vida de Alejandro en el año 323 a. C. Solo tenía treinta y dos años.

Mientras ampliaba los límites de su imperio, Alejandro no siquiera pensó en lo que sucedería cuando no estuviera, de modo que el inmenso imperio pasó a estar en peligro de manera inmediata. La esposa de Alejandro, Roxana, estaba embarazada, y en un ataque de ira y de celos, Alejandro había matado a todos los posibles aspirantes al trono. Perdicas, un general de Alejandro, fue nombrado regente, y decidió dividir el imperio entre una serie de gobernadores, lo cual resultó ser un error fatal. Los gobernadores empezaron enseguida a luchar entre ellos, intentando lograr la independencia para sus territorios o incluso apoderarse de la corona macedonia. El imperio tan rápidamente ganado por Alejandro se deshizo en el caos casi con la misma celeridad.

* * * *

Para Armenia, la etapa de gobierno de Alejandro resultó una época de incertidumbre. Con el Imperio aqueménida las cosas estaban difíciles, pero al menos no cambiaban. Por otra parte, Armenia estaba empezando a ser una de las satrapías más importantes del imperio. Darío III, el rey que gobernaba en el momento de su caída, había sido sátrapa de Armenia antes de ascender al trono. Parecía que las cosas iban a empezar a marchar mejor.

Pero podían empeorar con Alejandro.

Pero Alejandro tenía objetivos más importantes que Armenia. Incluso era como si no la hubiera ocupado, y hasta permitió que su sátrapa, Orontes II, continuara gobernándola. Cuando se hundió el imperio del macedonio, Orontes vio clara su oportunidad. Al contrario que su tocayo, y probablemente su antepasado, que había traicionado a su propio pueblo durante la rebelión de los sátrapas, Orontes II sí que aspiraba a construir una Armenia mejor. Por primera vez en varios siglos, a Armenia se le presentó la oportunidad de ser un país libre.

Esta vez Orontes tuvo éxito. Con los macedonios peleándose por los restos del imperio, fue capaz de establecer Armenia como un reino independiente, estableciendo la dinastía oróntida. Sus descendientes ya no serían sátrapas, sino reyes de un país soberano.

Durante más de cien años los oróntidas gobernaron una Armenia independiente y reconstruyeron poco a poco un país esquilmado por siglos de rapiña y ocupación. Lograron restaurar parte de la antigua gloria de Armenia, construyendo por todas partes nuevas ciudades y pueblos. Los armenios no tendrían que seguir viviendo en cuevas, ni seguir a sus rebaños.

No obstante, la dinastía oróntida duró poco tiempo. De las cenizas del imperio de Alejandro surgió una bestia, que nació hambrienta de poder.

* * * *

La muerte de Alejandro fragmentó su breve imperio, y uno de los trozos más grandes del mismo se convertiría en un nuevo imperio helenístico, forjado por un hombre llamado Seleuco.

Durante su regencia, Perdicas encargó a Seleuco, de origen griego, el gobierno de Babilonia, pero él era muy ambicioso y no se conformó con ello. Proclamó la independencia de su territorio, al que llamó el reino seléucida. El reino no tardó en convertirse en imperio, incorporando parte de Grecia, Partia y la India. Y pese a la guerra a civil que sufrió el imperio y que hizo que perdiera una buena parte de sus territorios, a finales del siglo II a. C. surgió un nuevo líder, decidido no solo a restaurar el imperio en su totalidad, sino incluso a ampliarlo.

Antíoco III el grande era bastante más que un rey a los ojos de sus súbditos. Era un dios. Estableció un culto basado en su figura y en la de su consorte y se convirtió en un personaje de importancia vital para el pueblo, ganándose su apoyo incondicional para sus campañas. Logró recuperar gran parte de los territorios orientales perdidos durante la guerra civil entre su padre y su tío, y además conquistó el Líbano y Palestina. No tardó en fijarse en otras tierras para continuar su expansión, y Armenia estaba entre ellas.

En el año 200 a. C. Orontes IV fue aplastado por el Imperio seléucida, y con él desapareció la dinastía. Una gran parte de Armenia cayó bajo el control seléucida, al menos durante un breve espacio de tiempo, ya que Antíoco, enardecido por sus conquistas, se dirigió hacia Roma. Hubiera sido más inteligente no enfrentarse al enorme poder de los romanos, que lo derrotaron en el campo de batalla en el año 190 a. C. y redujeron su imperio a un puñado de países. El Imperio seléucida prácticamente desapareció tras la muerte por asesinato de Antíoco en el año 187 a. C., aunque se mantuvo a duras penas y nominalmente hasta el año 63 a. C.

Durante la breve ocupación seléucida, Armenia se dividió en dos satrapías diferentes, Armenia superior y Armenia inferior, que fueron gobernadas por un padre, Zariadres, y su hijo, Artaxias, ambos de origen seléucida y nombrados por Antíoco. Cuando Artaxias se enteró de la derrota de Antíoco contra los romanos tuvo claro que el Imperio seléucida había terminado su corto recorrido. Pronto desaparecería, y a partir de ese momento cada sátrapa tendría que actuar por su propia cuenta. La situación tenía sus peligros, pero también era una oportunidad si se actuaba con rapidez e inteligencia.

Para Artaxias lo fue, pues tomo posesión de ambas satrapías y se autoproclamó rey de la Gran Armenia, con el nombre de Artaxias I, que se apresuró a asegurar el territorio. Muy apoyado por su pueblo, que había disfrutado de libertad con los oróntidas (posiblemente había relación familiar entre ellos y Artaxias y Zariadres), Artaxias expandió las fronteras de la Gran Armenia y la convirtió de nuevo en un país por derecho propio. Logró unificar las variadas y dispersas poblaciones y tribus que lo habitaban y se convirtió en uno de los dirigentes más afamados de Armenia desde sus orígenes, quedando inmortalizado por diversas leyendas y canciones. Artaxias aprovechó la circunstancia de que las rutas comerciales entre Roma y la India cruzaban el territorio armenio y el país floreció económicamente. En el año 176 a. C., Artaxias construyó una nueva ciudad capital desde la nada, a la que llamó Artaxata. Cabe la posibilidad de que fuera diseñada por el famoso general cartaginés Aníbal.

Artaxias I se convirtió en el fundador de una de las dinastías más gloriosas de Armenia, la dinastía artáxida. Durante casi cien años gobernaron el país descendiente de Artaxias I, y con la suficiente habilidad como para mantener la independencia y la prosperidad del país en una época de muchos movimientos y conquistas. Artaxias estableció una alianza con Roma, a quien le venía muy bien que Armenia ejerciera un papel de control entre sus territorios y uno de sus enemigos más potentes y belicosos, los partos. Pero ni siquiera Artaxias I puede compararse con el más grande de los reyes de la dinastía. En el 95 a. C. se proclamó rey un gobernante guerrero, Tigranes II. Pese a unos comienzos vacilantes, Tigranes se terminó convirtiendo en el rey más poderoso de toda la dinastía.

* * * *

Tigranes se pasó más de la mitad de su vida en prisión.

Solo tenía veinte años cuando los partos, viejos enemigos tanto de Roma como de Armenia, tras muchos intentos de invasión, lograron finalmente apoderarse de algunos territorios de Armenia. Mitrídates II, por entonces rey de Partia, invadió varias zonas fronterizas del país, y el en esos momentos rey de Armenia, Artavasdes I, se vio obligado a negociar la paz debido al riesgo de perder todo el país a manos de sus enemigos. Artavasdes y los partos llegaron por fin a un acuerdo en el año 120 a. C., aunque era muy perjudicial para Armenia. Se vio obligado a ceder los territorios que Partia se había anexionado en sus incursiones, así como a entregar a un pariente, precisamente Tigranes. Según unas fuentes, Tigranes era el hijo de Artavasdes, pero otras afirman que era hermano, o sobrino. En cualquier caso, el joven era un armenio libre, así como el heredero del trono, y tenía estrechos lazos de sangre con el rey. Pero no había alternativa posible: tenía que enviara a Tigranes a Partia como rehén.

Durante los siguientes veinticinco años Tigranes vivió encerrado en una fortaleza parta. Es bastante probable que disfrutara de ciertos lujos y que no pasara ningún tipo de necesidad, pero no resulta difícil imaginar hasta qué punto echaría de menos los espacios abiertos y amplios, las imponentes montañas y las tierras altas en las que había pasado su juventud. Tigranes había recorrido toda Armenia no solo como un joven libre, sino como el futuro rey de su patria. Y en esos momentos no era otra cosa que un peón en manos de los partos, un incentivo para que el rey armenio mantuviera el acuerdo de paz con Partia si no quería poner en peligro la vida de su sucesor en el trono.

En cualquier caso, Tigranes aprovechó con inteligencia ese cuarto de siglo de cautividad. Se ganó l confianza de los partos y aprendió sus costumbres, de forma que cuando el rey de Armenia, Tigranes I, murió en el año 95 a. C., los partos decidieron que el hecho de que ocupara el trono de Armenia un reyecito domesticado tras veinticinco años de cautiverio sería algo muy bueno para sus intereses. Mitrídates tomó una decisión: Tigranes volvería a su casa, siempre y cuando cediera todavía más tierras armenias a Partia.

Tigranes se comportó como un corderito y aceptó de inmediato. Cedió veinte valles a los partos y regresó a la tierra que tanto amaba para tomar posesión de un trono que le pertenecía por derecho de nacimiento. Sin duda estaba al tanto de que los partos creían firmemente que haría lo que ellos quisieran y que seguiría siendo un aliado dócil y manipulable.

No podían estar más equivocados.

Sabiendo que Armenia necesitaba un aliado poderoso, Tigranes buscó una princesa capaz de proporcionárselo. Y escogió a Cleopatra, princesa del Ponto (no confundir con la reina egipcia Cleopatra, de la época de Julio César), una nación pequeña pero bastante poderosa situada a orillas del mar Negro, en el territorio de la actual Turquía. Menos de un año después de ser entronizado, el nuevo rey empezó a expandir sus territorios. Su primer objetivo fue apoderarse de la Armenia inferior, para unificar de nuevo todo el territorio armenio; lo consiguió en el año 94 a. C.

En el año 91 a. C. murió Mitrídates II, el rey que había mantenido cautivo a Tigranes durante veinticinco años. Partia se sumió en el caos, y Tigranes pensó que era la oportunidad perfecta para librarse por fin de las cadenas con las que los partos mantenía sujetos a Armenia y construir un imperio con el que había soñado durante su interminable periodo de cautiverio. Atacó a los partos en la frontera oriental y recuperó para Armenia los setenta valles que habían tenido que entregar a sus enemigos. Lo cual dejó claro a los partos que aquel joven al que habían mantenido cautivo durante tantos años no iba a ser un peón al que manejar a su antojo. Tigranes no iba a ser el rey de un estado satélite: era un auténtico conquistador, y le iba a mostrar al mundo de lo que era capaz.

Comenzó su campaña en el año 88 a. C., y en ella Tigranes demostró quién era. Su ejército se movía con lentitud, armado con tremendas máquinas para sitiar ciudades y con una caballería pesada. Allá por donde pasaba, dejaba un rastro de destrucción. En el año 87 a. C. ya había saqueado Ecbatana, que en su momento había sido la capital de Ciro el Grande. Conquistó toda Media, y eso solo fue el principio. Fueron cayendo diversas naciones, una detrás de otra, que habían estado bajo el yugo persa: Capadocia, Gordiea, Siria, Cilicia y, finalmente, Fenicia. Esta última era el pequeño resto que quedaba del

Imperio seléucida, que fue el que acabó con la dinastía artáxida. Y ahora Tigranes, con su campaña de conquista y destrucción, fue el encargado de hacerlo desaparecer del mapa por completo.

No obstante, este gran rey fue bastante más que un mero conquistador. También hizo que floreciera la economía armenia, lo cual alimentó su apetito expansionista, pero también ayudó a su pueblo a salir adelante y prosperar. Las rutas comerciales que dieron lugar al crecimiento de la dinastía artáxida volvieron a abrirse, y se reforzaron. Las buenas relaciones con Babilonia influyeron muy positivamente en el comercio, y en Armenia, donde abundaban recursos naturales como la sal y el hierro, se empezó a desarrollar la minería, y sus productos se abrieron camino hacia todos los rincones del mundo conocido.

Para los armenios, un pueblo que había sufrido una profunda opresión, resultó muy estimulante estar por una vez en lado de los conquistadores, y no en el de los conquistados. Aunque Tigranes II trató a la mayoría de las naciones conquistadas con bastante benevolencia, permitiendo a sus antiguos reyes gobernar en su nombre, es decir, como vasallos suyos, Armenia por fin estaba en el lado de los vencedores. El pueblo armenio gozó con la contemplación, o el relato, de su rey cabalgando por las llanuras a lomos de uno de esos potentes caballos que, en la antigüedad, hicieron famosa a la nación; Tigranes siempre llevaba una tiara brillante, adornada con piedras preciosas que brillaban al sol como los flancos de su caballo de guerra. Y, lo que resultaba aún más espectacular, lo seguían cuatro hombres a pie. No eran sirvientes, sino reyes de naciones conquistadas que actuaban como consejeros, pero que no tenían el privilegio de montar un caballo como el de Tigranes. Se autoproclamó rey de reyes, y se aseguró de que sus vasallos lo entendieran claramente mientras cabalgaba entre el polvo y el calor.

Armenia era una nación victoriosa... por ahora. Al igual que el de Alejandro Magno, que en su momento conquistó Armenia, el imperio de Tigranes fue tan brillante como poco duradero.

Capítulo 5 – Entre dos fuegos

Cuando Tigranes II se casó con Cleopatra, hija del rey Mitrídates VI del Ponto, se trató de una unión estratégica, como lo eran la mayoría de los enlaces reales de la época. En guerra con la Roma republicana, el Ponto era una nación desesperada, a la que le venía bien cualquier tipo de alianza, incluso con una nación en ese momento tan débil como Armenia. Pero el tiempo demostró que su alianza con el Ponto fue el mayor error cometido por Tigranes a lo largo de su reinado.

En su punto álgido, el Imperio armenio incluía parte de lo que hoy es Israel, Turquía e Irán, entre otros territorios. Había obtenido victorias contra Partia, Judea, Cilicia y Siria, y se preparaba para crecer aún más. De todas formas, una gran potencia a la que Armenia nunca se había enfrentado en el campo de batalla era Roma. La República de Roma y Armenia mantenían una alianza desde hacía décadas, aunque la rápida expansión de Tigranes había producido ciertos roces entre ambas naciones. Todo cambió debido a una mala decisión que Tigranes había tomado justo al comienzo de su largo y brillante reinado.

Cleopatra se había comportado como una buena esposa, pero el problema no era ella. Se puede decir que a Cleopatra lo único que le sobraba eran los problemas que creaba su padre, Mitrídates VI. Era tan belicoso que se enfrentó hasta tres veces con los todopoderosos romanos, en unas guerras que suelen llamarse "mitridáticas". Desde luego, el rey del pequeño país se ganó una línea en la historia de la antigüedad.

La verdad es que la personalidad de Mitrídates era bastante especial. Fue un rey especialmente cruel, aunque un pequeño repaso a su historia indica que tenía sus razones para serlo. Después del asesinato de su padre, cuando Mitrídates solo tenía trece años, su madre, Laodice VI, se convirtió en regente hasta su mayoría de edad. No obstante, la madre tenía sus propios planes: quería matar a Mitrídates para extender su poder. El chico huyó y se escondió durante años para salvar la vida. Por fin regresó para encarcelar a su madre y, posteriormente, asesinar a su hermano. Desde ese momento no paró de enfrentarse con Roma.

En el año 75 a. C. se libró la Tercera Guerra mitridática, particularmente dura, y esta vez el Ponto llevaba las de perder, pues Roma había formado un gran ejército. Mitrídates, que ya era un hombre muy mayor y aún más paranoico (tomaba todos los días pequeñas dosis de veneno para inmunizarse ante un posible intento de asesinato) se vio forzado a abandonar el Ponto y huir a los brazos de su hija, pero sobre todo de su yerno, el poderoso Tigranes el Grande. Los romanos, teniendo en cuenta y respetando el hecho de que Armenia llevaba siendo su aliada durante bastantes años, enviaron mensajes a Tigranes, pidiéndole que les entregara a Mitrídates. Hubiera sido mejor para Tigranes hacerlo. Lo que pasa es que Mitrídates, un aliado ahora inútil, al fin y al cabo, su suegro. Puede que, convencido por su esposa, Tigranes se negó a entregar a Mitrídates, y tampoco lo obligó a marcharse de Armenia.

Los cónsules y el Senado de Roma montaron en cólera y declararon la guerra a Armenia, y Lucio Licinio Lúculo se puso al frente de un poderoso ejército para marchar sobre Tigranocerta, la nueva capital de la nación construida por Tigranes, a la que le había dado su nombre. Tigranes se instaló en ella el dos de octubre del año 69 a. C., pero fue inútil. El ejército de Lúculo era demasiado para los armenios, pese a todas las victorias cosechadas en los últimos tiempos contra sus pueblos vecinos, por lo que, tras la derrota y la destrucción de la ciudad, huyeron en dirección a la antigua capital, Artaxata, y el invierno que se desarrollaba sobre las montañas y las tierras altas de Armenia fue uno de los más sombríos que había vivido Tigranes en toda su vida. Un invierno que quizás hasta le hizo echar de menos los tranquilos tiempos de su estancia en Partia como rehén.

Sin embargo, un golpe de suerte hizo que no fuera precisamente durante ese invierno cuando se produjera la pérdida del imperio de Tigranes. Las tropas de Lúculo, diezmadas por la enfermedad y con pocas ganas de sufrir otro de los tremendos inviernos armenios, organizaron hasta tres motines en pocos meses. Lúculo fue llamado a Roma en el año 67 a. C., lo que dio un respiro a Mitrídates y a Tigranes para recuperarse. Mitrídates incluso pudo recuperar parte del territorio perdido, y Tigranes derrotó a su hijo rebelde, Tigranes el Joven.

De todas maneras, Tigranes el Joven sabía que el enfrentamiento con Roma no había acabado. Con el rabo entre las piernas debido a la dolorosa y contundente derrota sufrida contra su padre, el joven no s dirigió a Lúculo, sino a un general que, ya en esos momentos, estaba grabando en piedra su nombre para la historia. Hablamos de Pompeyo.

En el año 66, ese estadista ya era conocido en Roma como Pompeyo el Grande, y había realizado dos desfiles triunfales en la capital de la república por sus logros militares en Sicilia y África. Sin la menor duda, Pompeyo triunfaría allí donde Lúculo había fracasado. Marchó hacia el Ponto y de nuevo puso en fuga a Mitrídates, que esta vez se refugió en Crimea; después se dirigió a Armenia. Tigranocerta no se había reconstruido, pues había permanecido abandonada tras el saqueo de Lúculo en el año 68 a. C. Tigranes se había vuelto a establecer en Artaxata tras el regreso a Roma de Lúculo, por lo que Pompeyo se dirigió a dicha ciudad, decidido a destruirla igual que había sucedido con Tigranocerta.

Pero la pérdida de su capital había roto el corazón al gran rey armenio. Tigranocerta había sido su mayor obra, una magnífica ciudad helenística que prosperó de inmediato gracias a la cultura y al floreciente comercio que albergó. En ese momento Tigranes ya era mayor y rico, y además estaba cansado de luchar. Cuando Pompeyo llegó a las puertas de Artaxata, Tigranes decidió que sería mejor negociar la rendición, y así lo hizo, sin lucha.

Tigranes era un hombre derrotado, pero Pompeyo lo trató con mucho respeto. Se le permitió mantener el trono de Armenia, siempre y cuando quedara claro que se trataba de un reino satélite de Roma. No obstante, tuvo que entregar gran parte de los territorios conquistados, quedándose solo con la propia Armenia y con Gordiea y Sofene. Así, a Tigranes se le permitió vivir sus últimos años en paz, aunque el Imperio armenio ya no existiera.

Por su parte, Mitrídates VI no tuvo tanta suerte. Paralizado por el terror a los romanos y devastado por las pérdidas causadas por sus guerras, el rey del Ponto murió de una manera lenta y terrible. Primero envenenó a todas sus esposas e hijos y después él mismo se administró una gran dosis de la sustancia. Pero por desgracia para él, el veneno no lo mató de manera inmediata, debido a la inmunidad adquirida a lo largo de los años. Así que intentó suicidarse con su espada, pero estaba muy debilitado y solo se hirió. Agonizó lentamente, en medio de un terrible sufrimiento, hasta que finalmente exhaló el último suspiro muriendo a manos de sus propios hombres.

* * * *

Tras el fin del imperio, Armenia pasó a ser un protectorado de Roma, lo que significaba una considerable ventaja para los romanos, enzarzados en un conflicto recurrente con Partia, el vecino oriental de Armenia.

La misma nación que había mantenido como rehén a Tigranes durante tantos años seguía en guerra con Roma, y dado que Armenia a todos los efectos formaba parte de las posesiones de la república, se vería obligada a facilitar recursos y soldados al ejército de Roma para su lucha contra los partos.

El primer conflicto armado tuvo lugar al principio del reinado del hijo de Tigranes, Artavasdes II. El final del reinado de Tigranes fue pacífico, y el gran rey falleció en el año 55 a. C., a una edad que rondaba los ochenta y cinco años. La corona pasó a Artavasdes.

Artavasdes estaba deseoso de demostrar a sus aliados romanos que era un sucesor al nivel de su famoso padre, así que cuando estalló de nuevo la guerra entre Roma y Partia en el año 53 a. C., rápidamente se puso a las órdenes del general romano Marco Licinio Craso. Pero Craso no era partidario de compartir la gloria, y mucho menos el producto de los saqueos, con ningún otro rey. Al fin y al cabo, estaba al mando del ejército más poderoso del mundo en esos momentos, por lo que no era precisa la ayuda de ningún rey bárbaro. Craso podría derrotar por sí mismo a los partos, por lo que, tras rechazar la oferta de Artavasdes, avanzó al mando de su brillante ejército cabalgando con su reluciente armadura.

Fue uno de los mayores errores que Craso cometió a lo largo de su vida. Al enfrentarse en campo abierto con los rápidos y ligeros arqueros a caballo del ejército parto comprobó de inmediato que su enemigo no era un grupo de camorristas sin preparación militar. Los caballos iraníes que montaban podían darse la vuelta y retirarse a tal velocidad y con tal agilidad que los legionarios prácticamente ni veían de dónde les llegaban las flechas. Ya en el verano del año 53 a. C. la invasión romana devino en un estrepitoso fracaso. Craso murió en combate y los romanos huyeron con el rabo entre las piernas, perseguidos implacablemente por los partos, ansiosos por darles una lección que no pudieran olvidar. Los partos llegaron de nuevo a Armenia y forzaron a Artavasdes a unirse a ellos. La alianza se estableció mediante el matrimonio del heredero de la corona parta con la hermana de Artavasdes.

Durante los quince años siguientes los romanos dejaron en paz a Partia, que disfrutó de su victoria sobre sus supuestamente todopoderosos enemigos romanos y, de paso, pudo explotar los recursos de Armenia y sacar provecho de ellos. Artavasdes no estaba contento, pero también tenía claro que no estaba en condiciones de enfrentarse por sí solo con un ejército que había sido capaz de vencer a la mismísima Roma. No obstante, Roma no se había olvidado de Partia, sobre todo uno de los últimos grandes generales de la república, *Marcus Antonius*, cuyo nombre fue "modernizado" gracias a la obra de teatro de Shakespeare, por lo que todo el mundo lo conoce ahora como Marco Antonio.

En el año 36 a. C., Antonio se dirigió a Armenia, decidido a aplastar a los partos y así vengar la ignominiosa derrota que habían infligido a Craso. Mucho mejor general y menos orgulloso que su desventurado predecesor, no solo no rechazó la ayuda de Artavasdes, sino que la solicitó. Artavasdes se mostró encantado de cambiar de bando. Todo el país había sufrido un cautiverio comparable al que tuvo que soportar su padre, Tigranes el Grande, y que duró veinticinco años. Gracias al uso de armaduras y escudos más resistentes y a la famosa formación en tortuga para defenderse de los arqueros, los partos fueron expulsados de Armenia y empujados de nuevo hacia su país.

Armenia se liberó de la ocupación parta, pero en cuanto Marco Antonio continuó su avance hacia el país vecino, a Artavasdes le entró el miedo. Se acordó del tropel de legionarios romanos llegando a Armenia tras una huida en desbandada y de la muerte de su general, y no se arriesgó a enviar a sus hombres por si sufrían un destino parecido. Cuando la campaña de Partia liderada por Marco Antonio terminó en desastre, le echó la culpa al débil rey armenio por no haberle proporcionado refuerzos. Así que reagrupó a su ejército y atacó Armenia, donde arrestó a Artavasdes por traición y se lo llevó a Alejandría, donde reinaba la famosa amante de marco Antonio, Cleopatra de Egipto.

Allí Antonio celebró un desfile triunfal, como si su campaña hubiera tenido éxito, algo que en la propia Roma se consideró una profanación. Al final del desfile iba Artavasdes con su familia, envuelto en cadenas doradas, insultado por una multitud rugiente y agresiva. Artavasdes nunca recuperó la libertad; estuvo durante unos años a las órdenes de Cleopatra y, a su muerte, la dinastía artáxida llegó a su fin. Pese a que se mantuvo nominalmente hasta el año 12 a. C., su debilidad era manifiesta, y los reyes se escondían de sus enemigos sin plantear la más mínima lucha.

* * * *

Tras la muerte de Artavasdes II y la conquista romana de Armenia, el país se convirtió en una especie de juguete dentro del círculo vicioso bélico en el que se habían convertido las relaciones entre Roma y Partia. Primero llegaba a la corona un rey respaldado por Roma, después lo hacía un candidato afín a Partia, y así sucesivamente durante más o menos un siglo hasta que, finalmente, un parto llamado Tiridates se convirtió en rey a principios del siglo I de nuestra era.

Por supuesto, esto dio lugar a una nueva guerra con Roma, convertida ya en un imperio tras la desaparición de la república. Al emperador Nerón no le gustaba nada que un parto estuviera al mando de una tierra que, en su momento, era un buen amortiguador entre las dos naciones enfrentadas. De modo que, durante varios años, Armenia volvió a sufrir las consecuencias y los destrozos causados por los continuos conflictos entre Roma y Partia. Los enfrentamientos terminaron en el año 63, tras la firma de un frágil acuerdo de paz: Partia tendría el derecho de nombrar al rey de Armenia, pero su coronación efectiva dependería del emperador de Roma. Nerón aceptó a regañadientes, y Tiridates I fue coronado en Roma con la pompa que correspondía. Fue el fundador de la dinastía arsácida.

En cualquier caso, el tratado entre Roma y Partia no duró tanto como la citada dinastía. Tras una época agitada del imperio, durante la cual en un año hubo hasta cuatro emperadores, Vespasiano accedió al título en julio del año 69, e inmediatamente se anexionó Armenia.

Bajo la protección de Roma, Armenia pasó a ser una provincia más del imperio, pero al menos gozó finalmente de un breve periodo de paz.

Después de siglos de guerra, la propia Partia empezaba a perder fuerza. A principios del siglo II, siendo emperador Adriano, Partia parecía ya cansada de luchar contra Roma, y Armenia dejó de ser importante para el imperio. Adriano le concedió la independencia y, por primera vez desde Tigranes el grande, Armenia volvió a ser un país libre.

Pero, para variar, esa libertad fue breve. Una nueva potencia empezaba a alzarse en el mundo antiguo. Y los partos no fueron nada si se les comparaba con la potencia de Persia.

Capítulo 6 – Iluminación

Lucio Vero era el emperador de Roma... un título que le parecía demasiado problemático.

Criado en el hogar de Antonino Pío, Lucio siempre había tenido buenos ejemplos a la hora de forjar su carácter. Antonino Pío pasó a la historia como uno de los emperadores más astutos de la historia de Roma, mientras que el hermano adoptivo de Lucio, Marco Aurelio, iba a pasar a la historia como el emperador filósofo. Marco Aurelio seguía el estoicismo, y como tal llevaba una vida basada en la moderación y la simplicidad. Tales virtudes tenían un fuerte arraigo en él. Lucio era todo lo contrario. Tras la muerte de Antonino Pío en el año 161 se produjo una molesta interrupción en su vida de lujo y opulencia, con fiestas continuas. El emperador fallecido dejó el Imperio romano en manos de sus dos hijos adoptivos y, afortunadamente, Marco Aurelio se hizo cargo de los asuntos que Lucio descuidaba por pereza e incapacidad, y le dejaba hacer lo que le viniera en gana.

Y así fueron las cosas hasta que un problemático rey parto, Vologases IV, invadió Armenia y nombró rey a uno de sus generales. Había esperado a la muerte de Antonino Pío, y el hecho se produjo cuando Lucio y Marco Aurelio no llevaban ni siquiera un año como emperadores de Roma. Marco Aurelio tenía muy claro que no debía abandonar Roma hasta consolidarse como emperador, así que envió a Lucio para lidiar con el recurrente problema parto.

"¡Qué irritante!", debió pensar Lucio. "Aunque bueno, no importa... Puede que resulte divertido darse una vuelta por Oriente Medio".

* * * *

Pese a la actitud abúlica de Lucio, iba acompañado de generales muy capaces, y a la mayoría de ellos les alivió que prefiriera quedarse en Siria en lugar de mancharse las manos sobre el terreno. Generales como Marco Estacio Prisco y Cayo Avidio Casio lograron una nueva victoria sobre Partia en el campo de batalla de Armenia, restaurando la dinastía arsácida en el año 166. Lucio, que ni siquiera pisó Armenia, se otorgó a sí mismo el título de "Armeniaco" para celebrar "su" victoria.

Fue la última vez que un parto se sentó en el trono de Armenia, el Imperio parto, que había sido una espina clavada en los confines orientales de Roma durante quinientos años, declinaba a marchas forzadas. Había desafiado el poder de Roma durante todo ese tiempo, pero no iban a ser los romanos los acabaran con él; en realidad, fue la propia nobleza parta la que organizó una revuelta y destronó a su propio rey. Ardashir I, antiguo rey de Persia, mató al rey parto Artabanus IV en el año 224. Decía ser descendiente de Sasán, un héroe legendario, por lo que la dinastía que fundó recibió el nombre de sasánida. Gobernó Persia durante más de 400 años, y Ardashir fue el primero que utilizó el nombre por el que ahora se conoce al país, es decir, Irán. También utilizó la denominación que Tigranes el Grande del Imperio armenio ostentó durante su mandato: *Shahanshah*, es decir, "rey de reyes".

La caída de Partia, un imperio que había devastado Armenia durante tantos años, supuso solo un breve respiro para el pueblo armenio, que se había visto envuelto en un conflicto de casi quinientos años sin comerlo ni beberlo. Se vieron atrapados en mitad de dos grandes y belicosas potencias, pero su sufrimiento aún no había terminado. En el 252 los sasánidas atacaron, pues temían que los reyes arsácidas de Armenia, que llevaban en sus venas sangre de la realeza parta desde la época de Vonones I, reclamaran para sí el trono de Partia. Ellos invadieron, y Roma reaccionó. Una vez más, Armenia se convirtió en un campo de batalla entre dos naciones que no sentían el más mínimo respeto por la nación. Sus tierras altas, batidas casi siempre por el viento, fueron de nuevo escenario de una cruenta guerra.

El mismo año de la primera invasión sasánida, el hijo de Ardashir, Shapur, ordenó a Anak, uno de sus secuaces, que asesinara a toda la familia real armenia. Anak cumplió la orden a conciencia, matando primero a la reina, y poco después al rey Khosrov II. El uno varón superviviente fue el heredero del trono armenio, un niño de dos años llamado Tiridates. Sus parientes se dieron prisa y lo escondieron para salvarle la vida, pero el país se hizo pedazos, carente de liderazgo. Mientras tanto, lo que quedaba de la nobleza armenia capturó y ejecutó a Anak y a toda su familia, con la excepción de un niño llamado Gregorio. Y esos dos niños, que sufrieron sin darse cuenta esas tremendas tragedias familiares tan parecida, cambiarían para siempre la historia de Armenia.

* * * *

Tiridates se había criado en la corte de Roma. Pese a que en algunos momentos Roma y Armenia se habían enfrentado, seguían manteniendo una alianza que era clave para ambas. Y, teniendo en cuenta que los persas habían matado a su familia, Tiridates no tenía a quien acudir. Era un niñito indefenso que fue llevado a la gran urbe, en la que permaneció durante toda su infancia.

Pero cuando creció fue consciente de que no podía permanecer escondido para siempre en el seguro nido que Roma le proporcionaba. Tenía que volver al país en que nació, pero que no recordaba. Su patria ancestral.

Un país que lo necesitaba como rey por derecho.

Cuando el emperador romano Marco Aurelio expulsó de Armenia a los sasánidas en el año 270, el joven Tiridates, de veinte años de edad, supo que había llegado su hora. Viajó a Armenia y el pueblo lo apoyó decididamente y lo ayudó a parar el acecho incesante de los invasores persas. El Imperio sasánida, por su parte, se vio inmerso en una guerra civil, que Tiridates aprovechó no solo para reforzar sus fronteras sino incluso de tomar algunas zonas de Asiria.

En el año 298 Tiridates III había logrado unificar el país y había logrado establecer una alianza cercana y poderosa con Diocleciano, un emperador que había crecido junto a él en la urbe. Tras matar con sus propias manos a un usurpador, Diocleciano llegó al poder en el año 284 y apoyó con firmeza las acciones de Tiridates. Los unía un hilo de odio: Tiridates odiaba a los sasánidas, que habían asesinado a su familia. Y Diocleciano, influenciado por su mano derecha, Galerio, odiaba a los cristianos. Se haría famoso por ser uno de los perseguidores más sanguinarios de la cristiandad en la historia del Imperio romano.

Por su parte, Tiridates era muy distinto al resto de los armenios, pues no practicaba el zoroastrismo con la misma devoción que el resto de su pueblo. Esa vieja religión había formado parte esencial de la cultura armenia durante alrededor de 800 años; pero, al fin y al cabo, tenía sus orígenes en Persia, y Tiridates detestaba todo lo que viniera de allí. En realidad, era pagano, y tenía la fe politeísta establecida en Armenia mucho antes del nacimiento del propio Zoroastro. Pero en el tablero religioso de Armenia había un nuevo peón. Desde la mitad del siglo primero, cuando Judas Tadeo y Bartolomé, dos de lo discípulos que conocieron en persona a Jesucristo, fueron a predicar el evangelio a Armenia, mucha gente se convirtió al cristianismo y empezó a practicarlo. Y pese a la ominosa amenaza de la persecución de Diocleciano, gran parte del pueblo armenio se mantuvo firme en su nueva fe.

Dicha fe también empezaba a echar raíces en la Capadocia, donde florecían las escuelas cristianas. Y en una de esas escuelas había crecido un niño, que cargaba con el peso de una sangrienta tragedia familiar. Su nombre era Gregorio Lusavorich, aunque pasaría a la historia como Gregorio el Iluminador. Se sentía culpable por el hecho de que su padre, Anak, hubiera asesinado a la familia real de Armenia.

Gregorio tuvo la suerte de ser rescatado pese a la ejecución de toda su familia, y lo llevaron a Capadocia, donde si hubiera querido habría podido llevar una vida anónima. Pero debido a la vergüenza por los crímenes de su padre y con el deseo de purgarlos, Gregorio viajó a Armenia en su juventud y consiguió un puesto en la corte de Tiridates, en Vagharshapat (hoy Echmiadzín). Trabajaba cada día a la sombra del hombre que había crecido en una amarga orfandad a causa de su padre. Y siempre se apoyaba en la fe por la que pensaba que, de alguna manera, podría ser perdonado, e incluso redimido.

Esa fe había cambiado su vida. Y cambiaría también la historia de Armenia.

* * * *

Anahit era la diosa pagana de la fertilidad y, a ojos de Tiridates, la gloria de la nación armenia. Se representaba como una mujer joven y bella, y había estatuas suyas, de oro y de bronce, por toda Armenia. Su culto llevaba floreciendo desde hacía más de cuatrocientos años. Tiridates la veneraba con fervor, y deseaba que todo su séquito hiciera lo mismo, incluido Gregorio, el cristiano secreto.

Seguramente era un brillante día de primavera o verano, dedicado a la diosa dorada cuya estatua refulgía en la corte de Eriza, a la que Tiridates había realizado un peregrinaje para presentar sus respetos a la diosa madre. Su séquito llevaba carros llenos de flores, para ponerlos a los pies de la estatua en homenaje a la diosa Anahit. Uno por uno, los sirvientes de Tiridates lo fueron haciendo obedientemente, hasta que solo quedó un joven. Enfadado al ver que no tomaba la iniciativa, Tiridates le ordenó que pusiera también su corona de flores.

Pero Gregorio hizo lo impensable. Se negó y desafió al rey.

El joven sirviente no quiso colocar su guirnalda de flores a los pies de la diosa pagana. Le dijo al rey, y a todos los que le escuchaban, que él no practicaba el politeísmo como ellos, que era cristiano, y que prefería morir antes que renegar de su fe.

La actitud no solo tenía el evidente significado religioso, sino también político. Tiridates no tenía más opción que castigar con dureza al joven; nadie, y menos un joven sirviente de bajo rango, podía desafiar al rey de Armenia y oponerse a sus órdenes. Gregorio se colocó en una posición peligrosa y problemática con Tiridates incluso antes de que este averiguara que era el único superviviente de la familia de Anak, el asesino de la suya propia. Nadie puso hacer nada para aplacar la ira del rey. Ordenó que se Gregorio fuera arrojado a Khor Virap, el "agujero sin fondo", una mazmorra subterránea de la que nadie salía vivo. Si el relato es verdadero, los hechos ocurrieron en el año 288.

La historia, o leyenda, de Gregorio y Tiridates III se va oscureciendo con los años, por lo que resulta difícil separar lo que es realidad de la pura leyenda. En todo caso, se dice que Gregorio pasó en Khor Virap trece terribles años. Sobrevivió gracias a una anciana que le llevaba pan; mientras tanto, Tiridates ordenó que se persiguiera a los cristianos, probablemente siguiendo el ejemplo de su amigo Diocleciano.

Lo que sí es cierto es que Tiridates continuó con la expansión de Armenia, recuperando en parte glorioso pasado, por lo que pasó a la historia como Tiridates el Grande. Diocleciano le ayudó mucho. En el año 299 los sasánidas fueron contundentemente derrotados y confinados a los límites de su país, y Armenia dejo de ser una mera provincia del Imperio romano, sino que se convirtió en un protectorado con más independencia de la que había gozado en muchos años. Satisfecho por lo que había logrado, Diocleciano regresó a Roma y persiguió a los cristianos en su propio territorio.

En aquel momento Gregorio llevaba ya once largos años en la horrorosa mazmorra. Todavía tendría que languidecer allí durante dos años más antes de que el rey se viera afectado por una enfermedad. Tiridates fue atacado por un mal que en aquel entonces recibía el nombre de licantropía; según las crónicas, empezó a "comportarse como un jabalí salvaje", dando tumbos por el palacio y sus aledaños como si se hubiera extraviado, y con el juicio absolutamente perdido. Ni los sacerdotes paganos de Armenia ni los médicos podían hacer nada por él.

La curación se produjo gracias a una intervención completamente inesperada. Khosrovidukht, hermana de Tiridates y también milagrosa superviviente del magnicidio de Arak, soñó que Gregorio todavía estaba vivo y que era la única persona en Armenia capaz de curar la enfermedad de su hermano y rey. No era fácil, pero tuvo claro que debía intentarlo. El caso es que sacó de prisión a Gregorio, muy débil y enfermo, y lo llevó ante Tiridates; cuando Gregorio puso las manos sobre el descontrolado rey, la enfermedad desapareció de forma milagrosa, y el rey recuperó su estado mental y físico normal. Eso le bastó a Tiridates para convertirse en ese mismo instante al cristianismo. Empleó todos los medios a su alcance para enfrentarse a los sasánidas, aún devotos del zoroastrismo, y convirtió oficialmente a Armenia en la primera nación en adoptar el cristianismo como religión oficial. Tal cosa sucedió en el año 301.

Gracias a sus acciones milagrosas, Gregorio fue canonizado, y pasó a la historia como San Gregorio el Iluminador, santo patrón de Armenia.

Capítulo 7 – Los Inmortales y los elefantes de guerra

Figura II: La batalla de Avarayr, según la imaginó Eduard Isabekyan

El hecho de que Tiridates III se convirtiera al cristianismo, una religión duramente perseguida en esos momentos en el Imperio romano, no significó que la intolerancia religiosa desapareciera en Armenia. Por desgracia, en lugar de acabar con las persecuciones, lo que hizo Tiridates fue cambiar de bando. Estaba absolutamente decidido a que el cristianismo se convirtiera en la religión dominante en Armenia, y no solo por fervor religioso. En realidad, el hecho de abrazar el cristianismo constituía un desafío político mayúsculo frente a los odiados sasánidas, y a partir de ese momento consideró a todos los que se negaban a convertirse como amenazas al trono y aliados potenciales de Persia.

Los paganos que seguían practicando la misma religión politeísta que tan fervientemente seguía el propio Tiridates hasta hacía bien poco, recibieron el mismo tratamiento brutal que el que sufrieron los cristianos armenios hasta el 301. Se destruyeron templos y estatuas y se quemaron muchos textos históricos escritos por paganos. De esa forma, se produjo un vacío en la documentación de la historia de Armenia debido a la vesania del rey.

El mundo antiguo estaba sufriendo un cambio sustancial en lo que se refiere a la religión. El politeísmo y el zoroastrismo que hasta ese momento habían dominado el mundo daban sus últimas boqueadas. Solo diez años después de que Tiridates fuera bautizado, el emperador romano Constantino también declaró el cristianismo religión oficial del imperio. El traslado de la capital imperial a Bizancio significó el inicio de la ruptura de la antigua Roma, con la división en dos del imperio: el bizantino, o Imperio romano de Oriente, con capital en Constantinopla, hoy Estambul, y el Imperio romano de Occidente, que mantuvo la capital en Roma.

Pese a la fuerte resistencia de los paganos, que culminó con una desigual batalla de las fuerzas tradicionales paganas contra el poderoso ejército de Tiridates, y que terminó como era de esperar con la aplastante victoria del rey. A partir de ese momento, el rey logró su objetivo de convertir el cristianismo en la religión predominante de Armenia. Gregorio fue su primer arzobispo, por supuesto. Armenia tenía que encontrar su propio camino en un mundo que estaba cambiando de era a marchas forzadas gracias, entre otras cosas, a esas repentinas transformaciones religiosas. La transición del mundo antiguo a la Edad Media era imparable a todos los niveles.

Los armenios ya no podían tener ídolos en sus casas, ni rezar abiertamente a sus dioses ancestrales. Tampoco podían mostrar su duelo a la manera tradicional, que generalmente implicaba bailes de luto e incluso cortes autoinfligidos en la piel. También se prohibió la poligamia; el matrimonio, que hasta entonces consistía en un acuerdo escasamente institucional y apenas contemplado o protegido por la ley, pasó a ser una institución social mucho más formal, comparable a los enlaces actuales. Los antiguos rituales pasaron a mejor vida, y prácticamente todas las costumbres sociales fueron sustituidas por otras nuevas, que muchos de los armenios consideraban repugnantes. No obstante, y con el entusiasta apoyo de Gregorio, gracias a la cristianización florecieron por toda Armenia las instituciones de caridad: se construyeron orfanatos, hospitales y casas especiales para acoger a los leprosos.

Al final del siglo IV Armenia era mayoritariamente cristiana, y los pequeños reductos de resistencia activa pagana habían sido eliminados. El Imperio romano de Occidente había perdido casi por completo el interés en la pequeña nación, pero al Imperio bizantino le seguía interesando que ejerciera un papel de zona control frente a los debilitados sasánidas. Lo mismo que había ocurrido previamente con Roma y Partia, el Imperio bizantino y los sasánidas mantuvieron un sangriento tira y afloja en territorio armenio, sin importarle la vida ni las posesiones de la gente inocente que vivía allí. Pese a la ferviente y continua guerra de Tiridates contra los sasánidas, los siguientes reyes armenios no tuvieron más remedio que seguir siendo en gran medida satélites de los sasánidas. Apenas podían tomar decisiones sin la aprobación de Persia.

El inicio del siglo V trajo consigo una cierta esperanza para la nación armenia, una especie de época dorada y el canto del cisne de la dinastía arsácida. Todo ello llegó de la mano de Mesrob Mashtóts, un monje con una aguda y poderosa visión de los cambios que debían producirse en las vidas de sus conciudadanos.

Las Biblias iniciales se habían escrito sobre todo en hebreo y en griego (en este último idioma, el Nuevo Testamento). Cuando la cristiandad se expandió sin freno por todo el mundo conocido, la Biblia empezó a traducirse a todos los idiomas, para que todo el mundo pudiera leerla o, al menos, entenderla. Jerónimo de Roma fue uno de los primeros en traducir la Biblia al latín a finales del siglo IV; los godos, un pueblo de origen germánico, la tradujeron a su propio idioma, el gótico, hoy extinto. La creciente población cristiana de Armenia estaba deseando disponer de una Biblia propia, que pudiera entender el pueblo llano. Los armenios ricos y que habían recibido una educación completa hablaban latín y griego, pero la mayor parte del pueblo no hablaba más que el dialecto del armenio que le correspondiese.

El problema que existía a la hora de traducir la Biblia al armenio era que no existía un idioma escrito. Pese a que llevaba hablándose desde hacía miles de años, desde Urartu, apenas se había utilizado para escribir. Mesrob se empeñó en cambiar esa situación, fundamentalmente debido a su deseo de predicar el evangelio por todo el reino. Una herramienta fundamental para lograrlo sería hacer más accesible el texto sagrado a los armenios mediante la utilización de su lengua materna.

Mesrob pertenecía a los Mamikonio, una familia noble de Armenia con casi tanta tradición e influencia como los mismos arsácidas; sus miembros recibían la mejor educación posible y participaban activamente en la política armenia, siendo consejeros cercanos de la realeza. Mesrob no fue una excepción. Desde el principio demostró una gran aptitud para la lingüística, y trabajó con el rey Khosrov IV, escribiendo las leyes y edictos que promulgaba. Pero lo que le interesaba a Mesrob no era la política. Su intención era llevar una vida humilde, de piedad y entrega a los demás, por lo que se convirtió en monje e ingresó en un monasterio alrededor del año

395, ya cumplidos los treinta. Pocos años antes, Khosrov había sido depuesto por los sasánidas, que no estaban satisfechos con él, y en su lugar entronizaron a otro miembro de la familia arsácida, Vramshapuh.

Eso no significa que Mesrob desapareciera del mapa. Todo lo contrario. Con la ayuda de Isaac el grande, arzobispo de Armenia, empezó a trabajar para convertir el armenio en un lenguaje escrito que el pueblo pudiera utilizar para leer las Sagradas Escrituras y rezar. Pese a tratarse de una decisión arriesgada para un rey tan controlado por los sasánidas, Vramshapuh también ofreció su apoyo al proyecto aportando lingüistas y fondos económicos. En el año 405 Mesrob ya había desarrollado un alfabeto armenio de 36 letras específicas para la antiquísima lengua. Junto con Isaac y un griego llamado Rufanos, Mesrob se pasó los cinco años siguientes traduciendo la primera Biblia armenia, que ha pasado a la historia como la Biblia mesróbica.

El desarrollo del alfabeto armenio y la extensión de la Biblia en el idioma nativo del país marcó el inicio de la edad de oro de la literatura cristiana. Armenia disponía por fin de una voz propia en el ámbito de la escritura. Empezaba a parecer que, después de todo, pese a la opresión continua ejercida por los sasánidas. Armenia estaba encontrando su lugar en el mundo. Pero este resurgir de la identidad nacional armenia no sentó nada bien a sus enemigos persas. Los armenios estaban empezando a darse cuenta y a actuar como si fueran un pueblo con características propias y únicas, que tenía su propio lenguaje, su propia cultura y su propia religión, que no tenían nada que ver con las de los sasánidas. Ese orgullo y esa conciencia nacional resultaban peligrosos, y había que pararlos. En unos pocos años la vida cotidiana de los armenios volvería a cambiar: otro desastre asomaba ya por el horizonte.

* * * *

El ejército sasánida avanzaba por la llanura de Avarayr, y ese avance había sido siempre una de las mayores pesadillas de Vardan Mamikonian.

El comandante en jefe del ejército armenio podía rastrear su linaje hasta el mismísimo san Gregorio, y en esos momentos probablemente sentía una angustia y un miedo parecidos a los que sufrió su antepasado en la mazmorra de Khor Virap. Y con razón. Vardan contemplaba un ejército que, en su día, había asustado al mismísimo Alejandro Magno, y que gozaba de una terrible fama de fiereza inmisericorde. Sabía que su sola aparición en el horizonte provocaba escalofríos en el grupo de rebeldes, la mayoría inexpertos y desorganizados, a los que acaudillaba. En un intento desesperado por subirles la moral, les gritó que Dios estaba con ellos. Que pasara lo que pasara ese día, vivirían o morirían por su Dios, el verdadero, sin renunciar a su identidad ni a sus creencias, y sin plegarse a los deseos de los sasánidas.

Ese encendido discurso de batalla fue suficiente para que el ejército armenio permaneciera clavado en su sitio viendo avanzar hacia ellos a la infantería pesada persa, con unos movimientos tan sincronizados que hoy en día diríamos que parecían robots. Sus escudos y armaduras brillaban, lo mismo que las espadas que alzaban al cielo. La apariencia de esa infantería ya era de por sí intimidatoria, incluso aunque Vardan no hubiera sabido que recibía el nombre de los Inmortales, debido a su indomable fiereza. En cuanto uno de esos hombres cayera, cosa que no ocurría a menudo pese a que su armadura era bastante ligera, inmediatamente sería sustituido por otro. Luchar con un Inmortal era enfrentarse a alguien al que parecía que nunca podrías matar. Parecía que no morían del todo, pues siempre había otro, descansado y más fuerte que el anterior, a pesar de haberlo traspasado con la espada.

Pero los Inmortales solo eran la mitad de la pesadilla. A su espalda, avanzando despacio y pesadamente para acarrear su enorme peso, venían los elefantes de guerra. En las filas de Vardan surgieron murmullos de terror, y hasta él sintió una gran inquietud al contemplar esas tremendas criaturas. El que iba por delante se detuvo y levantó al aire la trompa como si quisiera oler al enemigo. Abrió las orejas, l que le hizo parecer todavía más grande, y movió la cabeza de un lado a otro. Los afilados colmillos brillaron al sol, y Vardan se acordó de todo lo que había aprendido acerca de los elefantes de guerra que los persas habían traído de la India. Los grandes cestos que transportaban sobre el lomo estaban llenos de hombres armados, pero no era eso lo que los convertía en unos animales muy peligrosos. No eran simples bestias de carga, sino verdaderas armas en sí mismos; entrenados para pisotear y empalar a los enemigos, podían aplastar a todo un regimiento de caballería, a base de golpes con las trompas capaces de derribar a los caballos como si fueran moscas.

Y Vardan Mamikonian seguía de pie en la llanura de Avarayr, en la antes tranquila mañana del dos de junio del año 451, en la que ahora resonaba el ruido de la marcha de los Inmortales y el barritar de los elefantes de guerra. Sí, seguía de pie, aunque solo tenía a su mando 66.000 hombres. Aunque sabía que la lucha no iba a servir de nada, pues se iba a enfrentar a los poderosos sasánidas con poco más que un puñado de abnegados revolucionarios. Sí, disponía de algunos soldados armenios expertos en su ejército, pero el grueso de sus fuerzas eran hombres normales, recién reclutados y si entrenamiento militar. Armenios normales que querían defender su propia forma de vivir y el derecho a venerar al Dios al que adoraban. La única esperanza que le quedaba era que los refuerzos que había pedido a los bizantinos llegaran a tiempo, si es que terminaban llegando.

Todo había empezado en el año 428. Tras deponer a varios reyes que no eran de su agrado, los sasánidas se habían hartado de la dinastía arsácida. El crecimiento imparable del cristianismo se había convertido en lo que Tiridates había deseado que fuera, desde el principio: un desafío a la autoridad persa. Los armenios estaban empezando a estar del lado de un poder aún más fuerte que el de los persas y, al contrario que el zoroastrismo, dicho poder no estaba en manos persas. Eso les daba esperanzas, y la esperanza no le convenía l soberano persa, Bahram V, para quien Armenia era una pieza clave en su continuo enfrentamiento con el Imperio bizantino.

Bahram no era el único al que le preocupaba el creciente sentimiento de identidad propia que iba calando en el pueblo armenio. La nobleza persa implicada en el gobierno de Armenia también empezaba a sentirse amenazada, y maldecían la nueva fe, que atacaba de forma directa su lujosa forma de vida a costa del pueblo armenio. Así que pidieron a Bahram que depusiera al último rey arsácida, Artaxias VI, lo cual tuco lugar en el 428. A partir se eso momento Armenia se convirtió en una mera provincia de Persia.

Para la nobleza armenia, que incluía a Vardan y sus amigos, la cosa tampoco era tan grave. Después de todo, Armenia llevaba décadas bajo el dominio persa, y los persas los protegían sin oprimirlos demasiado. Artaxias solo había sido un rey pelele. Pero todo eso cambiaría tras la muerte de Bahram.

Su sucesor, Yazdegerd II, no era un dirigente como Bahram, ni mucho menos. Él sí que quería subyugar a Armenia, no solo física y económicamente, sino también desde el punto de vista espiritual. A Yazdegerd le daba igual a que dios adoraran los armenios, siempre y cuando no fuera un dios único para ellos, su propio dios. Uno que les proporcionara identidad: eso era lo peligroso. Les pidió que se unieran a la religión oriental, que los armenios habían rechazado desde hacía bastante tiempo, o mejor aún, que recuperaran la religión que seguía él mismo y, hasta hacía poco, los propios armenios: el zoroastrismo. No obstante, Armenia se mantuvo firme, y Yazdegerd se cansó de pedirlo. Envió sacerdotes zoroastristas a Armenia, respaldado por fuerzas armadas, y les ordenó que destruyeran las iglesias cristianas y las sustituyeran por templos zoroastristas.

Una vez más, los cristianos armenios sufrieron persecuciones y opresión, y la religión que seguían y en la que encontraron por fin su identidad como pueblo se hacía desaparecer sin piedad. Vardan Mamikonian lideraba a los nobles que no soportaban esta forma de comportarse de los sasánidas. Antes simpatizaba con los persas, pero aquellos días habían pasado. Lideraría a su pueblo para mantener la libertad religiosa que merecía, o moriría en el intento.

Por desgracia, eso último fue lo que sucedió. El grupo de 66.000 luchadores no tuvo nada que hacer ante el poderosísimo ejército sasánida, de más de 300.000 efectivos, algunos de ellos armenios que estaban a favor del dominio persa; la batalla fue corta, sangrienta y decisiva. Vardan y sus hombres fueron destrozados en aquella llanura, y los elefantes esparcieron su sangre sobre el polvo.

* * * *

La derrota en la batalla de Avarayr resultó devastadora para la Armenia cristiana. De todas formas, pese a la muerte de Vardan, los mamikonios no se rindieron. El sobrino de Vardan, Vahan Mamikonian, continuó la lucha contra los sasánidas. Evitando siempre las grandes batallas en campo abierto, mantuvo una guerra de guerrillas duradera y extenuante que logró evitar la imposición del zoroastrismo por parte de los sasánidas. Finalmente, el Tratado de Nvarsak, firmado en el año 484, logró lo que Vardan pretendió en vida: permitir a los armenios la práctica de la religión que escogieran, fuera la que fuese.

Por otra parte, Vardan se convirtió en san Vardan, y sigue siendo un héroe cultural y religioso para la Armenia de hoy. Siempre cabe preguntarse qué habría ocurrido en la batalla de Avarayr si los refuerzos bizantinos hubieran llegado, tal como había prometido a Vardan el emperador Marciano. No obstante, las relaciones entre Bizancio y Armenia no terminaron. Iba a subir al trono un emperador por cuyas venas corría sangre armenia, y se iba a convertir en un nuevo héroe para el pueblo tras una nueva y sangrienta guerra, una guerra que iba a durar hasta nuestros días.

Capítulo 8 – Un emperador armenio

Pese al hecho de que Armenia durante siglos no había sido otra cosa que un campo de batalla a disposición de los bizantinos, la mera empezó a cambiar. Armenia iba a dejar para siempre de ser un mero peón para Bizancio, como siempre lo había sido para Roma. La influencia de Armenia en el Imperio bizantino iba a crecer, y eso daría un giro casi copernicano a la importancia mundial y a la historia de ese país que, hasta entonces, con pocas excepciones, había sido cruel y sangrienta.

Se avecinaba una nueva era. La Edad Antigua empezaba a quedar atrás, entre las sombras; la época dominada por Persia y Media, por Roma y Macedonia, estaban a punto de terminar. Sin embargo, en ninguna parte habían pasado los tiempos de los señores de la guerra con ansias de conquista, y mientras el mundo iba adentrándose en la Edad Media, dos grandes potencias iban a emerger del caos, dos potencias que se mantienen hasta hoy, y que se enfrentarían en Armenia con todas sus fuerzas, como en ninguna otra parte del mundo.

Pero eso no iba a suceder hasta varios siglos más tarde. De momento, la influencia de Armenia en el Imperio bizantino se iba volviendo cada vez mayor. En un primer momento, tanto para los bizantinos como para los sasánidas Armenia era lo mismo que había sido para los romanos y los partos, repartiéndosela y agarrando trozos como si fuera una tarta desde finales del siglo IV y principios del V, y como si la gente que la habitaba simplemente formara parte del paisaje. Las cosas empezaron a ir peor a partir del año 451, cuando los bizantinos no fueron capaces de ayudar a los armenios cristianos en Avarayr. De hecho, mientras los armenios eran masacrados sin piedad, los bizantinos discutían en el Concilio de Calcedonia. Como la iglesia de Armenia no pudo acudir a dicho concilio, se produjo un cisma que separó a la Iglesia ortodoxa Oriental de la Iglesia armenia. Ese cisma aún no se ha superado a día de hoy.

No obstante, y pese a que los bizantinos consideraban que los cristianos armenios estaban en un escalón teológico inferior, no dejaban de utilizarlos en sus ejércitos. A finales del siglo V, los armenios de la zona del país controlada por Bizancio, la más pequeña, formaban el grueso del ejército, y se habían ganado tal fama de buenos soldados que la mayoría de la guardia de palacio estaba formada por hombres de origen armenio. Muchos armenios habían emigrado a la capital del imperio en busca de la seguridad y prosperidad que no podían encontrar en su propio país. Bastantes historiadores opinan que la influencia armenia en la historia de Bizancio se ha infravalorado, puesto que muchos líderes militares armenios consiguieron éxito, fama y capacidad de decisión en el imperio.

A principios del siglo VI Armenia seguía dividida. La mayor parte de lo que históricamente había sido su territorio correspondía a los sasánidas, pero todo iba a cambiar en el 582.

Persia y Bizancio habían firmado un tratado en el 562, aunque sujeto con alfileres. Ambos luchaban en otros frentes, y ambos sabían que no podían enfrentarse entre sí y al mismo tiempo defender sus respectivas fronteras. Así que se firmó una paz poco firme, ya que tanto los armenios como la zona sasánida del país no se sintieron cómodos con los acuerdos. La Armenia bizantina era mucho más próspera que la sasánida; además, mientras que los armenios sasánidas podían practicar el cristianismo de forma más o menos libre, los sasánidas seguían siendo zoroastristas. Si los armenios tenían que tener dirigentes, querían que fueran cristianos, no paganos. La paz se rompió en el 571, debido a una revuelta de los armenios, y el emperador bizantino Justiniano II envió un ejército a Armenia para luchar a favor de los cristianos del país.

Para los armenios resultó emocionante el día en el que el gobernador persa se vio obligado a abandonar sus aposentos en Dvin: para ellos era justicia poética, que compensaba la derrota de Avarayr, ocurrida hacía más de 150 años: El comandante de sus tropas era Vardan II Mamikonian, que sí que logró lo que su homónimo no pudo en su momento. Pero mientras que los armenios tuvieron éxito en sus objetivos militares, no pasó lo mismo con los bizantinos. La estratégica ciudad de Dara cayó en manos de los persas en el 573, un revés que prácticamente destrozó a Justiniano II: se volvió literalmente loco y tuvo que dejar el trono al jefe de sus ejércitos, Tiberio. El veterano general gobernó durante otros cuatro años tras la muerte de Justiniano en el año 578, con el nombre de Tiberio II Constantino, y a su muerte, la guerra entre bizantinos y persas seguía, y con gran intensidad. En su lecho de muerte, Tiberio tenía muy claro que debía transmitir la púrpura de emperador a un hombre joven, que hubiera demostrado su valía militar y táctica en la lucha contra los persas. Y decidió que fuera Mauricio Flavio Tiberio, que asumió el trono con el nombre de Mauricio.

Mauricio había contemplado por sí mismo la devastación de Armenia que habían provocado los persas, y también conocía los abundantes recursos naturales y humanos que potencialmente podía aportar el país. Una de sus primeras decisiones como emperador, tras su coronación en el 582, fue intensificar aún más la guerra contra Persia. De modo que la lucha, sangrienta y amarga, continuó hasta el 591, y no fue precisamente la pericia bizantina la que salvó a

Armenia, sino que, una vez más, fueron los problemas internos persas los que decantaron la balanza. Estalló una guerra civil en el 589, y uno de los reyes que reclamaba el trono, Khosrow II, solicitó la ayuda de Mauricio. A cambio de ayudarlo, Armenia entera pasó a pertenecer a Bizancio. Eso significó una victoria para los armenios, pero también fue una auténtica bendición para el imperio, pues podía disponer de muchos más armenios, bien entrenados y veteranos, en sus ejércitos.

La salvación de Armenio no fue el único logro de Mauricio como emperador, Durante los siguientes veinte años de reinado, Mauricio fue capaz de volver a unir un imperio muy fragmentado, que estaba casi al borde del colapso. Su empuje y liderazgo convirtió al Imperio bizantino en una fuerza capaz de enfrentarse a los embates del tiempo y a sus cambios mucho mejor que su primo de occidente. No obstante, pese a todo el bien que había hecho por el imperio, Mauricio sufrió una muerte horrible. Nunca había tratado demasiado bien a sus soldados, gastando poco dinero en ellos y centrándose en otros aspectos del gobierno del imperio. Por eso, se rebelaron contra él, dirigidos por un hombre llamado Phocas.

Phocas era un centurión del ejército de Mauricio, bastante eficiente desde el punto de vista militar pero brutal como ser humano. Logró liderar al ejército hasta derrocar a Mauricio y reclamó para sí el título de emperador, con lo que se convirtió en uno de los tiranos y usurpadores más legendarios de la historia. Mauricio no se vio obligado a soportar demasiado tiempo la humillación de que un simple oficial lo hubiera derrocado: tanto él como sus seis hijos fueron asesinados por Phocas casi inmediatamente, en el 602.

Durante los ocho años siguientes Phocas sembró el terror entre los países satélites del Imperio bizantino, y Armenia no fue una excepción. Persiguió con saña a los cristianos, y amargó la vida a la mayoría de sus súbditos. Armenia tuvo que defender las fronteras de Bizancio contra Khosrow, decidido a derrocar al hombre que había usurpado el trono y asesinado a su aliado, y en la guerra subsiguiente, los armenios volvieron a caer a millares enfrentándose a los sasánidas a su paso por su país.

El descontento se extendió por todo el imperio. Hasta los nobles de la capital se enfrentaron a Phocas, que gobernaba como lo que era, un tirano. Y para Armenia había pocas esperanzas. Los sasánidas los trataron mal, como siempre, y en su momento buscaron ayuda en Bizancio... pero ahora el dirigente de Bizancio los trataba igual de mal que los persas.

Esta vez no hubo un Mauricio que acudiera al rescate. Pero sí un hombre por el que corría sangre armenia. Un hombre decidido a salvar el país del que procedía y también el imperio que siempre había sido su aliado.

Este héroe fue Heraclio. Hijo de un gobernador armenio, creció en Cartago y recibió una educación griega clásica. Tenía muy claro que por sus venas corría sangre procedente de las tierras altas de Armenia. Fue precisamente su padre armenio, muy al tanto de las tremendas dificultades por las que pasaba el Imperio bizantino, el primero que se enfrentó a Phocas. En el año 610, ocho después de que Phocas usurpara el trono, Heraclio puso en marcha su flota de guerra y sitió Bizancio. Su plan era que el sitio diera lugar a una revuelta a gran escala en la ciudad, pero lo cierto es que no fue necesario, pues en esos momentos prácticamente no quedaba en la ciudad ni un hombre que estuviera dispuesto a luchar por Phocas. Según cuentan las crónicas, que parecen completamente fidedignas, cuando Heraclio llegó a las puertas de la ciudad, Phocas había muerto a manos de los nobles. Ofrecieron el cadáver, al que le faltaban los brazos, las piernas y la cabeza, a Heraclio como terrible trofeo, mientras la cabeza, en la punta de una lanza, era paseada por la ciudad que había aterrorizado.

Para la población cristiana del imperio es difícil imaginar una figura tan perfecta y heroica como la de Heraclio. Un hombre fornido, de alrededor de treinta años, la viva imagen del héroe perfecto: alto, recio, era la pura imagen de la magnificencia con su brillante armadura, sobre la que asomaba la cabeza y un pelo rubio brillando al sol. Muerto Mauricio y su descendencia, se le consideró el auténtico salvador de Bizancio, la persona que dio el empujón definitivo a los nobles para protagonizar la revuelta definitiva contra el tirano. Casi inmediatamente fue coronado emperador para encarar el problema con los persas.

Phocas apenas se había enfrentado con los sasánidas, que habían sembrado la destrucción por todos los rincones del imperio, empezando por Tierra Santa, tan importante en los corazones de una población mayoritariamente cristiana. Los sasánidas atacaron y arrasaron ciudades tan importantes para el cristianismo como Damasco y Jerusalén y, lo que resultaba más abominable a ojos de los cristianos armenios, se habían llevado la Santa Cruz de la capital hebrea. Por supuesto, también habían invadido Armenia y oprimido a sus ciudadanos. Los armenios eran perseguidos y castigados física y espiritualmente.

La primera prioridad para Heraclio fue era terminar la guerra en la que tanto se empeño Mauricio. Se enfrentó a los sasánidas y, al principio, se produjo una de las situaciones más duras a las que se había tenido que enfrentar Bizancio desde su fundación. Constantinopla fue sitiada y se perdió Egipto, por lo que los suministros principales de grano quedaron cortados y pronto se produjo la hambruna en la ciudad. Pese a haber perdido en gran parte la fe de su pueblo como consecuencia de sus fracasos, además de no sentar bien el que se casase con su prima Martina, Heraclio salió del atolladero. En el 622 atacó a los persas en Armenia, y esta vez fueron expulsados para siempre. Pese a los fracasos anteriores, sí que logró liberar su tierra natal de la tiranía sasánida, que no volvieron a ocupar Armenia nunca más.

Persia llevaba aterrorizando a Armenia desde la caída de Partia. Pero pronto iba a aparecer otra potencia, que se llevaría por delante a los propios sasánidas y que, en última instancia, se iba a convertir en la mayor amenaza para el pueblo armenio.

Capítulo 9 – Tierra de cruzadas

Figura III: Las ruinas de Ani

Cuando Heraclio hubo terminado su tarea en Armenia, se había vuelto impopular entre su propio pueblo debido a los problemas de la guerra con Persia, aunque finalmente los bizantinos salieron victoriosos. Los sasánidas, cuyo imperio empezaba a declinar, habían sido empujados a Persia, y la guerra por fin había terminado.

Mientras tanto, en Arabia iba a producirse una tremenda transformación que cambiaría por completo el curso de la historia, creando movimientos que aún en nuestros días se dejan sentir con fuerza. Se estaba formando el islam.

Antes del siglo VII, el islam, tal como lo conocemos hoy, no existía. Fue en el año 610 d. C., el mismo en el que Heraclio estaba derrotando a Phocas en Bizancio, cuando, según la tradición islámica, el profeta Mahoma recibió una visión y un mensaje del arcángel Gabriel. Gabriel le dio una serie de órdenes, y entre ellas, en el año 613, la de predicar la "verdadera religión". Sus seguidores crecieron a una velocidad tremenda. En cualquier caso, las ideas que transmitía Mahoma no eran extrañas, pues la nueva religión compartía muchos conceptos e incluso consideraba profetas de la cristiandad y del judaísmo. Sus conceptos fueron aceptados rápidamente por sus compatriotas árabes, y cuando Mahoma murió en el año 632, el islam era bastante más que un puñado de seguidores de un profeta. Se trataba de una religión por derecho propio.

Al igual que ocurre hoy, en aquellos días los musulmanes eran gente amante de la paz, que quería lo que siempre ha querido todo el mundo a lo largo de la historia: alimentarse, formar una familia, vivir en paz, creer en algo y entender el mundo que le rodea. Querían tener algo en lo que creer. Pero, por desgracia, desde el primer momento un grupo de radicales empezaron a actuar violentamente en nombre del islam. Había empezado la primera guerra santa.

El cuerpo de Mahoma apenas se había quedado frío cuando sus seguidores, que habían establecido el Califato de Arabia, empezaron a intentar ampliar sus dominios. Mahoma había enviado cartas a los dirigentes de diversas potencias, entre ellas Bizancio y Persia, pero sus seguidores de primera hora prefirieron tomar un camino más rápido y directo, que les proporcionara más gloria y riqueza. En el año 642, solo diez después de la muerte de Mahoma, el califa Omar puso sus ojos en la Persia sasánida. El poder que se había enfrentado a Bizancio durante cuatrocientos años ahora estaba debilitado, y no tenía la más mínima posibilidad de resistir los ataques de las hordas árabes

Con los sasánidas desaparecidos del mapa, los ejércitos árabes pudieron darse la vuelta hacia sus vecinos, los armenios. Por primera vez en la historia, Armenia, que ahora era cristiana en su totalidad, se tenía que enfrentar a un enemigo islámico. Pero no sería la última.

* * * *

Tras la caída de la dinastía arsácida, la ciudad de Dvin había florecido de nuevo. Capital de Armenia desde que el primer *marzpan* (gobernador) persa se hizo cargo de la nación, Dvin estaba situada en un lugar estratégico para el comercio y la agricultura. Fuera de sus potentes murallas se extendían campos verdes y los mejores pastos del país, que en tiempos anteriores estuvieron llenos de excelentes caballos. La tierra temblaba y rugía con el ruido de sus cascos cuando miles de jóvenes los montaban, jugaban a perseguirse, a luchar y a aprender, como hacían desde tiempos inmemoriales sus antepasados, dando así lugar a un pueblo duro, amante de la libertad y del campo abierto, que se hizo famoso gracias a su maestría con los caballos. Hombres y mujeres se habían alimentado de lo que producían los campos, había criado y montado los caballos por las llanuras ricas en hierba y las laderas de las imponentes montañas, a menos de cuarenta kilómetros del monte Ararat. Pero ahora los campos estaban pisoteados, como la hierba, debido a los cascos de los camellos. Las murallas habían sido destrozadas y tanto los caballos como los hombres yacían muertos por las calles.

Las distintas fuentes difieren ligeramente acerca de la forma en la que se produjo la derrota de los armenios frente a los árabes, pero lo que está claro es que hubo derrota, y que fue absolutamente devastadora. Cuando Roma y Partia, o Bizancio y Persia, se enfrentaron entre sí y con los propios armenios en el país, la causa siempre fue su estratégica posición geográfica y el interés por sus recursos. Puede que consideraran a la gente como meros peones para incorporar a las filas de sus ejércitos, pero al menos eran peones. Los armenios habían vivido muchas guerras, pero según un historiador y obispo armenio de la época, Sebeos, nunca habían conocido nada igual a los musulmanes.

Desde el comienzo de la conquista de Persia, alrededor del 639, los árabes hicieron incursiones en Armenia, anexionándose pequeñas partes del país, pero sin grandes logros. Pero una vez subyugada Persia en el 642, ya podían centra toda su fuerza y su atención en Armenia. Pero el potente y veterano ejército armenio, respaldado por un pequeño contingente de tropas bizantinas enviadas por el nieto de Heraclio, Constante II, pronto pudo comprobar la llameante e iracunda forma de luchar de los ejércitos árabes.

El obispo Sebeos fue testigo del terrible destino de Dvin. La ciudad no solo fue sitiada, sino absolutamente saqueada. Según este historiador armenio, los árabes la atacaron "con el acero y con el fuego", matando y capturando todo lo que vivía y reduciendo a cenizas lo demás. Una vez que los árabes terminaron con ella, Dvin había dejado de ser la floreciente capital de Armenia que Heraclio había rescatado. Murieron alrededor de 12.000 personas, y otras 35.000 fueron hechas prisioneras, la mayoría mujeres y niños. Dvin había sido completamente destruida.

* * * *

El triste destino de Dvin no supuso el final de los problemas de Armenia con el Califato árabe. Tras saquear Dvin los árabes se retiraron durante un tiempo, pero volvieron en el 643 para lanzar otro ataque aún más devastador; esta vez el gobernador de Armenia, Theodore Rshtuni, consiguió rechazarlos. No obstante, finalmente se rindió y dio paso al dominio árabe. Durante las siguientes décadas Armenia paso del dominio árabe al bizantino, y viceversa, varias veces. En cuanto se rendía a los árabes, los bizantinos atacaban; en el 656 el Imperio bizantino recuperó el territorio, y el califa árabe asesinó a más de dos mil rehenes armenios. Una vez más, Armenia estaba entre la espada y la pared.

El resto del siglo VII y el VIII Armenia fue ocupada por los árabes, que intentaron imponer la religión islámica a sus habitantes. Cada cierto tiempo se produjeron varias rebeliones, pero ninguna logró liberar al pueblo de sus grilletes. Al igual que lo ocurrió con Vardan Mamikonian y sus seguidores en la batalla de Avarayr, miles de armenios perecieron defendiendo su derecho a profesar la religión que quisieran. En cualquier caso, los árabes se dieron cuenta de que les resultaría imposible convertir a la fuerza al islam a toda la población. Pese al hecho de que Armenia llevaba siglos sin ser totalmente independiente, sus gentes seguían ejerciendo una independencia feroz en lo que a sus creencias se refería, y no iban a renunciar a ella pasara lo que pasara.

A finales del siglo IX, una familia noble armenia, los Bagratuni, se alzó con fuerza sobre el caos general del país. La alianza entre los jázaros, un poderoso grupo de túrquicos nómadas que vivían en lo que hoy es Rusia, y los bizantinos llevó al Califato árabe a comportarse de una forma más cauta que en sus efervescentes comienzos. Una vez más, Armenia se convirtió en un territorio amortiguador situado entre dos grandes potencias, el Imperio bizantino, cristiano, y el Califato árabe, musulmán. Dado que en sus fronteras se libraba una fiera guerra, ambos preferían que Armenia se convirtiera en una especie de tierra de nadie. Por primera vez desde el antiguo Imperio romano único, Armenia se convirtió en un país independiente en el año 885.

El arquitecto de la independencia fue Ashot I. Se convirtió en rey ya cumplidos los sesenta años, pero llevaba luchando por la independencia de su país desde muy joven, y no solo con la espada, pues su capacidad diplomática era muy notable. Logró convencer tanto a los árabes como a los bizantinos de que la independencia de Armenia era lo mejor para ambas potencias, y al final logró convencerlos: en el 885 los dos imperios en lucha enviaron mensajeros transportando una corona para Ashot. Así que, con dos coronas y mucho sentido común, Ashot se convirtió en el primer soberano del Reino bagrátida de Armenia.

Durante ciento sesenta años, Armenia volvería a florecer como un país libre. Sus dirigentes fueron en general lo suficientemente inteligentes como para no involucrarse e conflictos innecesarios con otras naciones, a pesar de que las dos grande potencias de la época se enfrentaban violentamente entre sí. Armenia se ganó una reputación de país amante de la paz y de gran diversidad cultural y religiosa. Entre sus habitantes había tanto musulmanes como cristianos, y en el momento culminante del poder bagrátida, su capital, Ani, era conocida como "la ciudad de los mil y un templos". Ani se convirtió en un bullicioso centro lleno de cultura, arte y comercio, una auténtica joya de la Edad Media, una especie de oasis cultural y económico situado en las tierras altas de uno de los países más antiguos de la historia.

Pero los días de gloria de Ani y del Reino bagrátida de Armenia fueron tan contados como los de Urartu o los del glorioso imperio construido por Tigranes. Una nueva potencia, también musulmana pero no árabe, empezaba a desarrollarse en la región: el Imperio turco selyúcida. Originarios de lo que hoy en día es Kazajistán, los selyúcidas eran un pueblo turco guerrero, convertido al islamismo y decidido a conquistar el mundo. Sus hermanos musulmanes árabes los apoyaban. A principios del siglo XI conquistaron Persia e Irak. Y Armenia era el paso siguiente, según la geografía y la lógica expansionista.

Pero no fueron los selyúcidas los que tocaron las campanas que anunciaban la muerte del antiguo reino de Armenia. Sorprendentemente, fueron sus antiguos aliados, los bizantinos, los que pusieron fin a la dinastía bagrátida y se apoderaron de Armenia en el año 1045.

No obstante, se acercaba el día de los selyúcidas. Los bizantinos solo pudieron mantener Armenia en su poder durante diecinueve años, y en el 1064 los aguerridos selyúcidas lanzaron su ataque. Ani, en su momento una de las ciudades más bellas y activas de las cercanías del Cáucaso, centro de la cultura armenia y hogar demás de cien mil personas, cayó en manos de los turcos selyúcidas ese mismo año. Por primera vez en su historia, Armenia estaba en manos de un pueblo de origen túrquico, pero esa dominación se extendería a lo largo de muchos siglos de devastación para Armenia.

* * * *

Pese a todo, el pueblo armenio no quiso renunciar a su fe cristiana. Y, por suerte para algunos de ellos, muchos europeos reaccionaron de la misma forma y la defendieron, a pesar del coste en vidas humanas que ello supuso. Esos hombres eran los cruzados.

Mientras una feroz guerra religiosa se extendía por todo el mundo, enfrentando a cristianos y musulmanes, muchos armenios huyeron de su tierra natal. Cilicia acogió una gran parte del éxodo, dado que el largo brazo de los selyúcidas aún no había llegado hasta allí. En el año 1080 se estableció un Principado armenio en Cilicia, dirigido por la dinastía rubénida. Podían estar lejos de su tierra ancestral, pero los exiliados seguían siendo armenios, y allí pudieron seguir viviendo en consonancia con sus costumbres culturales y su religión, y relativamente en paz.

Muy pronto, esta comunidad armenia atrajo la atención de otro personaje clave en toda esta historia, el papa Urbano II.

El emperador bizantino reinante en la década de 1090, Alejo I, no dejó de pedir ayuda al papa de Roma para luchar contra el enemigo común de la cristiandad. Animado por el prestigio que supondría para él convertirse en el adalid de los ejércitos combinados de toda Europa, que estaba empezando a fraccionarse en pequeños reinos provincianos y sin visión del peligro musulmán que acechaba, Urbano aceptó la petición de ayudar, y convocó un ejército para atacar Tierra Santa, en manos de los selyúcidas, los mismos que habían invadido Armenia, y recuperarla para la cristiandad. Así, la Primera Cruzada se convocó en 1095, y miles de soldados europeos viajaron desde lugares tan lejanos y variopintos como Gran Bretaña, Francia y

Alemania, y se dirigieron a Oriente Medio, una tierra absolutamente extraña para ellos. Y, precisamente en ese viaje, el Principado armenio de Cilicia atrajo su atención. En una zona dominada casi por completo por los árabes y los turcos, a los armenios podían haberles robado sus tierras ancestrales, pero mantenían dos cosas que los cruzados necesitaban desesperadamente: la fe cristiana y caballos fuertes y rápidos.

Los armenios se habían llevado con ellos muchos de sus magníficos caballos en su huida de los selyúcidas, y cuando los cruzados llegaron a Cilicia pidiendo ayuda y más voluntarios, no lo dudaron y se unieron a la campaña para luchar contra su enemigo común. El pequeño principado, que sin duda fue la primera comunidad importante de la diáspora armenia, se convirtió en pieza clave de los éxitos iniciales de la Primera Cruzada.

En cualquier caso, y por desgracia, el Principado armenio de Cilicia no sería la única comunidad de este pueblo obligada a dejar sus hogares y buscarse la vida en otras zonas del mundo muy distintas. A Armenia le esperaban tiempos muy oscuros. Y teniendo en cuenta lo que ya habían sufrido en el pasado, resulta significativo el hecho de que la época que quedaba por venir fue para su pueblo la más oscura de todos los tiempos.

Capítulo 10 – Conquistados

Mientras la Gran Armenia continuaba con su sufrimiento bajo el yugo de los selyúcidas, el Principado armenio de Cilicia, que fue muy breve, floreció cuando los cruzados lo atravesaron como un río, de camino hacia la ansiada liberación de Tierra Santa. El pequeño principado aumentó tan notablemente su importancia que estaba a punto de convertirse en un reino, dirigido por un noble llamado Levon, de la familia Rubenid.

Levon II, conocido también como León, nació como príncipe de Cilicia. Al crecer, se convirtió en el heredero obvio, pues era el hermano menor del rey sin descendencia, Rubén III. Pero, en aquellos momentos, la política era confusa y difícil. El Impero bizantino, en un asombroso giro de los acontecimientos, se había aliado con el líder musulmán más legendario de la Edad Media, Saladino. Esta alianza enrabietó al Sacro Imperio romano germánico, surgido de las cenizas del antiguo Imperio romano de Occidente y ávido de participar en la cruzada, pues estaba muy unido al papado. Su líder era Federico Barbarroja, un hombre tan grande como su leyenda, que se enfrentaba sin miedo a quien fuera, y más si era musulmán. Cuando Saladino tomó Jerusalén en 1187, con una facilidad absoluta debido a que el Imperio bizantino no planteó oposición militar en ningún enclave, Barbarroja se lanzó sin pensarlo y promovió la tercera cruzada.

Como en las dos anteriores, Cilicia resultó clave, mero esta vez aún más. El principado había crecido en tamaño e importancia gracias a la participación de Levon. Su hermano Rubén había sido traicionado y hecho prisionero por un antiguo aliado, y la experiencia lo afectó tanto que, cuando Levon fue a rescatarlo, Rubén le cedió el trono a Levon en 1187. Solo dos años después, gracias a su alianza con el emperador romano germánico Enrique VI, sucesor de Barbarroja, que murió ahogado intentando cruzar imprudentemente un río durante la tercera cruzada, y el papa Constantino III, Levon se convirtió en rey y el Principado armenio de Cilicia elevó su estatus a Reino armenio de Cilicia en el año 1198. El emperador bizantino también había intentado nombrar rey a Levon, pero los dos imperios nunca lograron superar sus diferencias teológicas, y por ello el romano germánico y el papado se adelantaron a los bizantinos en lo que a la influencia sobre la Armenia de Cilicia se refería.

Durante el reinado de Levon, el reino armenio de Cilicia alcanzó su apogeo. Su gobierno, que terminó con su fallecimiento en 1219, supuso una era de esperanza y gloria para un pueblo desesperado. Su territorio creció como nuca antes, ocupando lo que hoy es el sur de Turquía. Mientras los armenios de su tierra natal sufrían la opresión de los selyúcidas, en Cilicia la cultura de ese pueblo podía florecer libremente y su iglesia crecía en importancia. Significó un punto de apoyo casi imprescindible para el pueblo armenio, sin el que su cultura, y las propias cruzadas, se habrían desarrollado de una forma muy distinta.

No obstante, el destino de la propia Armenia iba a ser muy diferente durante el resto de la Edad Media. Una sucesión de potencias musulmanas, controladas por líderes militares legendarios cuya pericia y brutalidad los hizo tan famosos en sus tiempos como lo son en los nuestros, pasó por encima de esa tierra infeliz. Durante los siglos XII y XIII se produjo un breve respiro, durante el cual el Reino de Georgia logró librarse de la ocupación selyúcida y recuperó a Armenia para la cristiandad, pero solo significó un pequeño respiro. Un guerrero aún más legendario que Saladino estaba a punto de atacar Armenia, y su impacto sobre la humanidad resultó absolutamente devastador. Hablamos de Gengis Kan.

* * * *

Para el pueblo de Europa y de Oriente Medio, el mundo estaba dividido por una línea perfectamente delimitada: los musulmanes de una parte, y los cristianos de la otra. Se producían distintas guerras y enfrentamientos entre ambos bandos, por supuesto, pero tanto desde el punto de vista religioso como racial había un sentido claro de división entre "ellos" y "nosotros", una línea divisoria innegable que caracterizó toda la Edad Media, y también las posteriores. Lo cierto es que seis siglos después de que Mahoma paseara por Arabia, los musulmanes ya resultaban familiares, y en general solían ser considerados enemigos en potencia, y en muchos casos intimidantes. Su aparición y el fulgurante desarrollo de la nueva religión borró el zoroastrismo de la faz de la tierra, y el politeísmo pasó a ser una religión del pasado en la mayor parte del planeta. El paganismo grecorromano quedó absolutamente enterrado, y sus dioses olvidados. O al menos eso era lo que pensaba la gente. Sin embargo, Gengis Kan, como si fuera un monstruo que hubiera permanecido encerrado en un abismo de tinieblas, surgió de ninguna parte y sembró por todas partes un caos basado en planteamientos que la historia había superado hacía siglos.

Gengis Kan, al nacer, recibió el nombre de Temuyín, y hasta su concepción se produjo en circunstancias oscuras y aterradoras. Su madre acababa de casarse con un joven del que con toda probabilidad estaba enamorada, pero el padre de Temuyín, Yesugei, la raptó nada más casarse y la forzó a tomarle por esposo. Temuyín fue el producto de esa boda forzada.

Cuando solo tenía dieciséis años, el padre de Temuyín había sido envenenado, y el propio Temuyín hecho prisionero durante cinco años por matar a su hermano mayor. Con estos antecedentes, podemos imaginarnos la brutalidad que presidió toda su vida. Pero junto a dicha brutalidad, Temuyín también era poseedor de una enorme brillantez militar y diplomática. A la edad de veintisiete años fue elegido *kan*, es decir, líder de los mongoles; a los cuarenta y dos fue capaz de agrupar y unificar todas las tribus de la región en una potencia a la que llamó Mongolia. Y diez años después, con un ejército de solo cien mil hombres, conquistó China, un país ancestral de unos cincuenta millones de habitantes.

Gengis Kan pasó por el mundo con la fuerza devastadora de un tsunami: brutal, imparable, destruyéndolo todo a su paso. Sus soldados, de pelo y los ojos oscuros y extraordinarios jinetes, procedían de un mundo que no tenía nada que ver con la gente de Oriente Medio. Atacaron la zona cuando toda Asia estaba prácticamente en sus manos. Y, por supuesto, pronto llegaron a Armenia. Para ellos se trataba de casi nada, solo un pequeño reino, una joya más para incrementar mínimamente su ya enorme tesoro. Paro para las gentes que masacraron, se trataba de su hogar.

En ese época, Armenia era un reino dividido, y cada una de sus partes estaban en manos de las potencias que se hacían la guerra mutuamente. Las zonas norte y este estaban gobernadas por una rama de la dinastía bagrátida, la misma que en su momento de esplendor llevó a la grandeza a la Armenia medieval. En el oeste, los selyúcidas mantenían el dominio. Y en unas pocas provincias del sur, un pequeño grupo de armenios de pura cepa habían conseguido un remedo de independencia. Pero todo esto cambiaría radicalmente entre los años 1220 y 1240, cuando los mongoles decidieron que también Armenia fuera suya.

En todo caso, la conquista de Armenia por parte de los mongoles no se produjo de un modo tan eficaz y sencillo como lo fue la de otros muchos países, por los que los mongoles pasaron como un rodillo. Les costó veinte años, y tantas negociaciones diplomáticas como actos de guerra; cada paso que daban los mongoles era una maniobra estratégica brillantemente ejecutada. La invasión de Armenia, que concluyó finalmente en 1240, fue una de las más claras demostraciones de que Gengis Kan, pese a toda su brutalidad, era bastante más que una terrorífica fuerza maligna. En realidad, se trató de un militar genial, tan admirado en Oriente como temido y odiado en Occidente.

* * * *

Mientras Armenia estaba bajo el puño de hierro de los mongoles, el Reino de Armenia en Cilicia seguía aprovechando el impulso de las cruzadas del siglo XIII, tanto que Cilicia perdió su nombre, que se cambió por el de Armenia Menor (o Armenia Inferior).

La dinastía rubénida se mezcló con la hetúmida, y finalmente fue absorbida por esta, y cuando los mongoles, apoyados en la conquista de Armenia, se hicieron con la mayor parte de Asia Menor, el rey de Armenia Menor, Haitón I, se dio cuenta de que sufriría el mismo destino si se atrevía a desafiar a los mongoles. Y lo que hizo fue establecer una alianza con ellos, cosa que se consideró como una traición, pero que salvó a su país de sufrir el mismo destino que la Gran Armenia. El propio Haitón y sus hombres lucharon con los mongoles en sus campañas que se desarrollaron en el resto de Oriente Medio.

Pero los mongoles no eran tan invencibles como parecían. Sus hasta entonces victoriosas campañas se estrellaron contra unos guerreros esclavos cuya lealtad no pertenecía a nadie: los mamelucos.

Los mamelucos eran una parte fundamental de los ejércitos musulmanes. Eran de su propiedad, auténticos esclavos, sí, pero extremadamente valiosos. Raptados de sus hogares y familias cuando eran muy jóvenes, se criaban en barracones y no se les dejaba que desarrollaran lealtad por nadie, excepto sus propietarios (el ejército) y ellos mismos. Entrenados y preparados solo para la guerra, se podría decir que los mamelucos luchaban como profesionales, ya que toda su vida estaba dedicada pura y simplemente a la batalla. Los mamelucos de Egipto eran de los pocos soldados capaces de plantar cara con éxito a los mongoles, y así lo hicieron a mediados del siglo XIII, por lo que se dibujó una firme frontera frente a la conquista mongola. Ni siquiera el propio Gengis Kan fue capaz de vencerlos.

Las consecuencias de tal fracaso mongol resultaron devastadoras para Armenia Menor, que era un rival poderoso para el mundo musulmán debido a su control del comercio de especias y a su apoyo a las cruzadas. El líder mameluco exigió a Haitón que abandonara su alianza con los mongoles y la estableciera con Egipto. Sabiendo que se enfrentaba a una amenaza tremenda, Haitón huyó a la corte mongola para pedir ayuda. Durante su ausencia, los mamelucos invadieron Armenia Menor, la conquistaron y la destruyeron casi completamente en 1266.

Además, dos años después un terremoto destruyó lo poco que los mamelucos habían dejado en pie. Y aunque Armenia Menor recuperó su estatus de reino durante un siglo más, solo fue una sombra de lo que era, y además amenazada de forma constante por los ejércitos musulmanes. El pequeño reino tenía los días contados. Los ejércitos turcos y mamelucos terminaron por romperlo en pedazos, y tras la invasión mameluca de 1375, finalmente desapareció. Los habitantes armenios huyeron a Chipre, Francia y otros países. La tierra que los había acogido durante cientos de años y que se había convertido en su hogar había desaparecido.

* * * *

Durante su larga historia, Armenia se había enfrentado a muchas conquistas devastadoras. Fue atacada y saqueada por la antigua Roma, Alejandro Magno e incluso Gengis Kan. Pero uno de los invasores más terribles, y sin duda el más legendario, fue Timur en Cojo, más conocido en el mundo occidental como Tamerlán.

Durante el siglo XIV, el espectacular poder de los mongoles empezó a decaer tras la muerte de Gengis Kan. Armenia podría haber recuperado la libertad, pero los mongoles fueron sustituidos por un pueblo túrquico, los chupánidas, también conocidos como chobánidas.

Armenia no era un reino independiente desde los tiempos de la familia Bagratuni, y ahora hasta la Armenia Menor había desaparecido; el corazón del pueblo armenio estaba tan oprimido como sus cuerpos. Todas las generaciones de armenios vivos no sabían lo que significaba ser libre, y lo peor es que no volverían a serlo hasta pasados otros quinientos años. El siguiente conquistador que surgió fue Tamerlán, y devastó Armenia hasta unos extremos que el ya muy castigado pueblo no había conocido. Y es que fue Tamerlán el que realizó la primera masacre sistemática de armenios de la historia.

Cuando invadió Armenia y Georgia, Tamerlán ya era una leyenda siniestra, una especie de hombre del saco, pero absolutamente real. Nacido en lo que hoy es Uzbekistán, Tamerlán no era nadie, además con una cojera causada por un accidente sufrido cuando era niño, que lo dejó tullido de la pierna izquierda. Creció como una especie de bandolero aficionado que, acompañado de sus amigos, asaltaba a los viajeros, pese a que su padre era un noble de rango menor, pero rico. Pero su ansia de saqueo, y de conquista, no terminó ahí. En el año 1400, Tamerlán venció a todas las tribus de su zona de influencia y las unificó, formando un potente ejército. Es decir, algo parecido a lo que hizo Gengis Kan en Mongolia. Había derrotado a Persia y a la India, demostrando ser más fuerte incluso que los mamelucos. Así que Armenia no tenía nada que hacer contra él. Tamerlán no se limitó a invadir el país, sino que literalmente lo destruyó. Hubo testigos que describieron como destruyó una ciudad de mil años de antigüedad en un solo día, llegando hasta derribar fortificaciones excavando para que se derrumbaran. Su política de tierra quemada llegaba a esos extremos. No se libró nada.

Por lo que se refiere al pueblo, su sufrimiento con Tamerlán fue el mayor que había experimentado Armenia hasta entonces. Hombres, mujeres, niños, cristianos, paganos... no le importaba en absoluto, le daba igual. Simplemente quería matarlos, a todos. Las crónicas del genocidio de Tamerlán dan miedo: describen como los armenios eran lanzados al vacío desde las murallas de las ciudades, y los cadáveres se acumulaban de tal forma que unos caían sobre otros formando capas. El terror que debieron sentir estas víctimas es casi imposible de imaginar, yaciendo allí, con los miembros rotos y la piel rasgada, sobre una enorme pila de conciudadanos, muriendo despacio sobre los cadáveres de sus compatriotas.

Lo que hizo Tamerlán con los armenios fue brutal, sí, pero se trataba solo de un aperitivo de lo que estaba por llegar.

Capítulo 11 – La primera deportación

Uno de los pueblos a los que Tamerlán tuvo que enfrentarse en su intento de conquistar toda Asia y Europa era túrquico, como el suyo propio: el pueblo otomano. Y mucho después de que el Imperio timúrida desapareciera del mapa, los turcos otomanos seguirían ampliando un imperio que se mantendría durante siglos.

El Imperio timúrida, fundado por Tamerlán, terminó con el poder mongol. En su apogeo controló una vasta zona de Europa y Asia, que incluía lo que hoy es Irán, Afganistán, Turkmenistán, Uzbekistán, Tayikistán, Irak, la India, Pakistán, Siria y Armenia. La capital timúrida, Samarcanda, era conocida como "el centro del mundo", y en ella Tamerlán demostró su faceta de benefactor del arte y la cultura, lo que resulta irónico después de su absoluta devastación de la cultura armenia. A lo largo de sus conquistas murieron más de veinte millones de personas, pero su imperio no iba a durar demasiado. Igual que ocurrió con Alejandro Magno, se fragmentó tras su muerte. A comienzos del siglo XVI el Imperio timúrida ya no existía, aunque una de sus ramas, el Imperio mogol, se mantendría en la India hasta mediados del siglo XIX.

Una vez retirados los mongoles y los timúridas, y con el Sacro Imperio romano germánico perdiendo ya poder y cayendo por su propio peso, se produjo un vacío de poder en Oriente Medio y Asia Menor. Ese vacío sería ocupado por una superpotencia turca, que ya había empezado a mostrar su capacidad en los tiempos de Tamerlán.

Los turcos otomanos provenían una zona vecina de Armenia. Originarios de las montañas de Anatolia, los otomanos empezaron siendo una más de las muchas tribus túrquicas, como los chupánidas, que seguían dominando Armenia. De nuevo, el atribulado país se convirtió en campo de batalla de tribus rivales hasta los tiempos de Mehmed II. Conocido como Mehmed el Conquistador, transformó a los otomanos en mucho más que una simple tribu. Los convirtió primero en una nación y, más tarde, en un Imperio. Como la mayoría de los turcos, Mehmed y su pueblo eran musulmanes. La caída de Constantinopla, y consecuentemente del Imperio bizantino, en manos de Mehmed, fue un enorme golpe para la cristiandad, y también un aviso. El viejo Imperio bizantino se había debilitado mucho, y el ataque de Mehmed en 1453 fue la gota que colmó el vaso. Convirtió Constantinopla en la capital de su imperio, que nació en ese preciso momento.

Ni que decir tiene que para los desventurados armenios la noticia supuso un golpe tremendo. Mehmed conquistó Cilicia y capturó a la población armenia que todavía vivía allí. La mayoría eran gente de clase baja que no había podido huir tras la primera invasión de los mamelucos de finales del siglo XIV. Mehmed traslado a muchos de ellos a Constantinopla, donde las condiciones para ellos eran tan insoportables que muchos emigraron a Brujas, Bélgica. Fue una diáspora de unas 30.000 personas, que aún viven allí.

El Imperio otomano siguió creciendo, sobre todo bajo el reinado de Solimán el Magnífico. Alcanzó su apogeo en el siglo XVI, absorbiendo Siria, Egipto, Palestina, Bulgaria, Rumanía, Jordania, el Líbano, parte de Arabia y de África, Hungría y Grecia, entre otras zonas.

Pese a la ausencia de los imperios bizantino, timúrida y mongol, los otomanos tuvieron algunos enemigos tanto en el siglo XVI como en el XVII. Persia, que había sido conquistada y arrasada por Arabia en el siglo VII, volvió a resurgir de sus cenizas una vez más. Y en este caso alcanzó más gloria y potencia que nunca.

La dinastía safávida alcanzó el poder en Persia en el año 1501, proclamando que eran descendientes de Tamerlán. Su dominio duró hasta el siglo XVIII, y dio lugar a una nueva edad de oro para Persia, aunque en confrontación con el poder del Imperio otomano.

Los persas sasánidas eran zoroastristas, pero los siglos de dominación árabe terminaron por convertir al islam al pueblo persa. No obstante, muy poco tiempo después de la muerte de Mahoma, el islam se había dividido en dos sectas, los sunitas y los chiitas. Los otomanos eran sunitas, como lo son ahora la mayor parte de los musulmanes. Pero los persas eran chiitas, lo que a los ojos de los otomanos los convertía en algo casi peor que infieles. Para empeorar las cosas, los safávidas pretendían que Persia se convirtiera de nuevo en el poderoso imperio que había sido en el pasado, y los otomanos se interponían en ese camino. Y, una vez más, Armenia estaba en medio del fuego cruzado.

Las guerras entre los persas y los otomanos iban a mantenerse más de trescientos años y, en todo ese tiempo, Armenia fue golpeada por ambas partes como una pelota de pimpón, en la que a los dos jugadores no les importaba nada la propia pelota: lo único que pretendían era ganar el juego, aunque fuera golpeando la pelota con todas sus fuerzas. Para los armenios de a pie, la situación no era un juego, en absoluto. Todo el país era un campo de batalla, y ninguna ciudad estaba a salvo de una horda o la contraria, que llegaban de un lado de las montañas o del otro sin preocuparse ni lo más mínimo de un pueblo constantemente utilizado, expulsado y hasta masacrado. La propia Ereván, en esos momentos capital de Armenia, cambió diecisiete veces de manos a lo largo del eterno conflicto.

Por si fuera poco, durante parte de esos años, las revueltas jelali, una serie de enfrentamientos entre musulmanes sunitas y chiitas, tuvieron como centro de operaciones Anatolia y la propia Armenia. Sin embargo, y pese al trasiego continuo de soldados de todas clases y religiones que no pararon de pasar y arrasar su territorio, los armenios lograron agarrarse a uno de los aspectos clave de su identidad como pueblo: la fe religiosa. Continuaron siendo incondicionalmente cristianos, pese a que tal condición los convertía en inferiores tanto para los otomanos como para los persas. Un ejemplo del maltrato de los otomanos a los armenios es el sistema que se denominó oficialmente *devshirme*, aunque el pueblo lo llamaba "la tasa de sangre". Consistía en que muchos niños de poblaciones cristianas de Armenia y sus alrededores eran secuestrados por el estado otomano, que los convertía a la fuerza al islam y los obligaba a trabajar para el gobierno durante toda su vida.

Y, pese a todo, no fueron los otomanos los que sometieron a los armenios a las mayores crueldades durante el siglo XVI. Fueron los persas.

* * * *

El río Aras bajaba con una tremenda cantidad de agua, rugiente y poderosa. Golpeaba las orillas con la fuerza de un animal salvaje que intentara librarse de sus ataduras. El ruido de las aguas espumeantes sonaba como un trueno, superando incluso el retumbar de los pasos de miles de pezuñas y de cientos de miles de pies, apagando el lejano sonido de los cañones, mientras más de 300.000 campesinos armenios caminaban pesadamente y con pies de plomo por sus orillas. El mismo río que había dado nombre al antiguo pueblo de los Kurá-Araxes, en esos momentos hacía honor a su nombre, "el que fluye deprisa". Las aguas se habían vuelto mucho más peligrosas de lo habitual, y pese a ello, los otomanos los empujaban para que siguieran avanzando. Sin embargo, los campesinos se detuvieron y miraron a los soldados que los acompañaban, sin poder creer lo que les indicaban. A ambos lados del río apenas se veían los restos de lo que una vez había sido un puente. Los otomanos les daban empellones para que cruzaran. ¿Cómo iban a hacerlo, sin puente y con el río en esas condiciones?

El sah Abás I el Grande, rey de la Persia safávida, no contaba con que tendría que salir huyendo cuando ordenó a sus hombres destruir el puente que habían dejado atrás. Se trataba de un magnífico estratega militar, un comandante que había llevado a sus ejércitos de victoria en victoria contra los poderosos otomanos. Por eso pensaba que el sitio al que sometió a Kars, una ciudad de Armenia, en 1604 se saldaría con un nuevo éxito. Pero no fue así. En un momento dado, Abás no tuvo otra opción que retirarse. Su larga lucha contra los otomanos le había enseñado muchas lecciones, y una de las más importantes era la única forma de vencerlos era dejarles sin nada. Así que destruyó todos y cada uno de los pueblos por los que fue pasando en su retirada para que sus enemigos no pudieran aprovechar los recursos de la rica tierra armenia.

Los hombres de Abás habían sacrificado todo el ganado de los armenios. También habían quemado sus casas, reduciendo los pueblos a cenizas y después quemando la hierba para que no hubiera nada que producir. Les habían dicho a los armenios que todo era por su propio bien, y que marcharan con ellos por su propia seguridad, para evitar ser asesinados por los otomanos. Y, por una vez, los armenios le creyeron. Los persas eran musulmanes, pero en general Abás había sido bastante tolerante con los cristianos hasta ese momento.

Pero ahora el rey estaba desesperado. Sabía que los otomanos lo perseguían a toda velocidad, y los 300.000 aldeanos y campesinos ralentizaban mucho su marcha. Sabiendo que sus soldados, bien entrenados y a lomos de potentes caballos, podrían cruzar el río con facilidad. Así que ordenó que lo cruzaran.

Los armenios sabían que ellos no podrían hacerlo. Agarraron con fuerza a sus niños y observaron a los soldados con ojos de asombro. Uno de ellos, un valiente, un loco o simplemente alguien harto de esa larga marcha, intentó romper las filas y regresar a la tierra que siempre había sido su hogar. Sonó un disparo y el hombre cayó al suelo cubierto de sangre.

Atrapados entre los asesinos persas y el río mortal, los armenios no tenían escapatoria. No había más remedio que jugársela intentando cruzar las aguas, lo cual era prácticamente imposible. Los más mayores, los niños pequeños, los enfermos y, en general, todos aquellos que no pudieron con las embravecidas y heladas aguas se vieron arrastrados en cuestión de segundos. El río se cubrió de cadáveres, arrastrados por la corriente como los restos de una inundación y golpeando a los aún vivos que luchaban por cruzar el río mortal. Muchos miles de armenios murieron ese día en el Araxes, pero eso solo fue el principio de lo que estaba por venir.

A lo largo de esa larga marcha en mitad del invierno hacia el refugio de Isfahán, una ciudad persa, los cientos de miles de campesinos armenios murieron. Aquellos que fueron capaces de sobrevivir a la marcha fueron despachados rápida y brutalmente por los soldados del sah; los que no murieron se dieron cuenta de que no había provisiones para alimentarlos. Los llantos de miles de niños inundaban el aire allá por donde pasaban los caminantes, como si una nube de niebla negra se desplazara junto con ellos. Murieron como moscas, dejando a su paso un reguero de cadáveres, que pronto se convertían en esqueletos. Los más desesperados incluso se alimentaban de los restos humanos por puro instinto de supervivencia.

Cuando terminó la marcha solo quedaban vivos algo menos de 150.000. Pese a que Abás nunca lanzó un ataque directo contra el pueblo armenio, su forma de actuar fue tanto o más atroz que las de Tamerlán o Gengis Kan.

Los safávidas no habían tratado bien a los armenios, pero como muchos de los imperios que habían existido antes que ellos, no iban a ser eternos. Tras dominar Armenia oriental durante otros doscientos años, el imperio safávida empezó a declinar en el siglo XVIII, cuando tanto los otomanos como los rusos los atacaron. En 1828, Armenia estaba una vez más dividida entre dos reinos con afanes expansionistas: por un lado, la Armenia occidental, que pertenecía a los otomanos de religión musulmana; y por el otro, la Armenia oriental, perteneciente a la Rusia cristiana. El Imperio safávida ya no existía, pues desapareció en 1736.

A finales del siglo XVIII la mayor parte de los armenios vivían dentro de los territorios del vasto y abotargado Imperio otomano. Baste con señalar que los otomanos no los trataron bien. Mientras que la libertad religiosa se extendía por todo el mundo, los otomanos ponían en práctica el "sistema *millet*", mediante el cual dividían a sus súbditos en función de su origen racial y su fe religiosa, y les aplicaban impuestos en función de dichas características. Los armenios, que seguían aferrados al cristianismo, formaban parte del escalón social más bajo del imperio, y tenían que pagar unos impuestos mucho más altos que los musulmanes. No obstante, y pese a todo, las comunidades armenias se las arreglaron para prosperar en el seno del imperio, y su número fue creciendo poco a poco. Estaban acostumbrados a la opresión, pues la habían soportado durante muchas generaciones, y por tanto sabían cómo sobrevivir, e incluso prosperar, sin disfrutar de las libertades que gran parte del mundo daba por supuestas.

Los otomanos se llevaron a sus niños. Los persas se llevaron muchas de sus vidas. Y, aunque parezca mentira, todo lo que habían sufrido hasta ese momento no iba a ser nada en comparación con lo que quedaba por llegar. Armenia se iba a convertir en la primera nación en ser víctima del mayor crimen que puede cometerse: el genocidio.

Capítulo 12 – Genocidio

Figura IV: Marcha de armenios forzada por los turcos

Los gritos de las mujeres jóvenes dando a luz resonaban en el desierto. Eran desgarradores, y transmitían mucho más que esa agonía primigenia que supone el parto. Eran en realidad gritos de terror, de soledad, de desesperación. La niña que caminaba junto al caballo ya había escuchado antes los gritos de partos en la aldea rural que antes había sido su hogar, su mundo, un mundo que le parecía que había abandonado hacía cientos de años. Eran de dolor, sí, pero también de esperanza, pues las jóvenes madres, en su agonía, sabían que estaban alumbrando una nueva vida. Pero la hermana de la niña, en esos momentos, gritaba de puro dolor. En su voz no había ni el más mínimo atisbo de esperanza. No había esperanza posible en el desolado paisaje por el que el largo reguero de personas avanzaba. No había esperanza en sus ojos vacíos, que miraban al suelo, a sus pies, sin siquiera verlos, intentado no pisar las manchas de sangre, ni los cadáveres, ni los lugares donde otros habían decidido sentarse para descansar para siempre, pues no había ningún otro lugar al que ir. No había esperanza en ninguna parte del camino que recorrían con los hombros caídos; ni siquiera levantaban la vista cuando escuchaban los gritos de las mujeres, que reverberaban entre las dunas del desierto sirio. Ni siquiera despertaban su interés, pues esos gritos no eran los únicos que resonaban en ese paisaje infernal. Por allí se escuchaba llorar desconsoladamente a un niño, pidiendo desesperado algo que comer; en otro, un bebé gemía de forma monótona, llevaba días haciéndolo, como si no fuera a tardar mucho en interrumpir el sonido para siempre; y, a escasa distancia, una niña estaba siendo violada, un hombre asesinado a navajazos, una mujer se inclinaba mostrando su dolor por el hijo que yacía a su lado.

Había razones mucho peores para gritar que el parto. ¿Pero podía haber un parto más horrible que el que estaba sufriendo esa joven? Los soldados no habían dejado que se detuviera. Uno de ellos, algo más amable que los otros, que simplemente la habrían asesinado, le había permitido montar en su caballo. Y ahora, sobre el animal en movimiento, estaba trayendo al mundo a una pequeña.

A un mundo que la odiaba antes incluso de nacer, a ella y a su pueblo. A un mundo que la rechazaba.

* * * *

Esta crónica directa, contada con brutal sencillez, es de una niña de solo doce años que fue raptada a la fuerza de su casa. Tuvo la suerte de sobrevivir al genocidio, pero aproximadamente un millón de armenios no tuvo esa suerte.

A finales del siglo XIX Armenia había sufrido un destino que resulta muy difícil de creer. Ya resulta sorprendente el simple hecho de que los armenios todavía tuvieran una identidad cultural, incluso más fuerte que nunca, pues las comunidades cristianas armenias vivían su vida absolutamente al margen de sus vecinos turcos, y teniendo en cuenta por todo lo que habían pasado hasta ese momento. No obstante, el periodo más negro de la historia de este pueblo todavía estaba por llegar. Pronto iba a comenzar el genocidio.

El primer atisbo de este tremendo nivel de destrucción se dio en 1894. El Imperio otomano estaba en pleno declive, y su sultán, Abdul Hamid II, lo sabía perfectamente. Se trataba de un gobernante absolutamente paranoico y corrupto, que solo temía perder zonas de su imperio, y el hecho de que sus fronteras exteriores se estuvieran desgajando lo aterrorizaba. Pero en lugar de trabajar y tomar medidas para reunificar y reforzar el imperio, lo que hizo fue golpear a una minoría que apenas entrañaba ningún peligro para él: los armenios. Aunque la Federación Revolucionaria de Armenia había encabezado rebeliones en algunas zonas del país, la mayoría del pueblo armenio era amante de la paz, como sin duda lo eran también la gran mayoría de los turcos musulmanes. Pero Abdul Hamid seguía diciéndole a todo aquel que le quisiera escuchar que los armenios eran peligrosos y que iban a provocar la caída del imperio. Poco a poco e inevitablemente, el lavado de cerebro empezó a surtir efecto, y los turcos empezaron a considerar a sus vecinos armenios con creciente desconfianza.

Todo se desató cuando una elevación de los impuestos en la región de Susán no fue atendida por un pequeño grupo de armenios. No hay ningún testimonio de que esta gente realizara actos violentos de ningún tipo, pero los hombres de Abdul Hamid no necesitaban que hubiera violencia para golpear primero. La tensión creció, y los soldados dispararon contra la población civil. Esa fue la primera ola de asesinatos entre los años 1894 y 1896, cuando los soldados turcos e incluso algunos civiles se volvieron contra los armenios. Los armenios tenían prohibido llevar armas, por lo cual estaban absolutamente indefensos, y fueron masacrados como el ganado. Unos 300.000 armenios murieron durante este periodo de disturbios, que han pasado a la historia como las masacres hamidianas, y también las masacres armenias.

Con una inquietante familiaridad, en 1909 volvió a producirse otra serie de asesinatos en masa. En aquellos momentos ya gobernaba un grupo autodenominado los Jóvenes Turcos, una facción revolucionaria progresista con una visión mucho más moderna y diplomática de lo que debía ser el Imperio otomano. Eventualmente, lograron derrocar a Abdul Hamid y se hicieron con el gobierno en 1908. La revolución de los Jóvenes Turcos fue tan bienvenida que hasta los musulmanes y los cristianos se abrazaban por las calles, un día en el que los armenios y los turcos estaban de pie, celebrando codo con codo la esperanza de lograr finalmente una sociedad libre de ciudadanos con los mismos derechos. Pero esa esperanza se desvaneció casi inmediatamente, en abril de 1909. Los seguidores de Abdul Hamid organizaron una contrarrevolución y, en lugar de enfrentarse a los turcos, lucharon contra los armenios, que no tenían la más mínima capacidad de respuesta. En la ciudad de Adana, que en su momento había formado parte del Reino armenio de Cilicia, fueron asesinados sin piedad más de 30.000 armenios. También murieron junto a ellos muchos misioneros americanos.

Pero las masacre hamidianas y de Adana, pese a su crudeza, no fueron nada en comparación con el genocidio en sí mismo.

Cuando los Jóvenes Turcos retomaron el control sobre el imperio tras la masacre de Adana existía la vaga esperanza de que, con ellos al mando, las cosas podrían ir mejor. Pero fue una esperanza vana. En lugar de luchar por la unidad de un imperio tan diverso, los Jóvenes Turcos, ahora al mando del partido otomano mayoritario, denominado Comité por la Unión y el Progreso (CUP), decidieron que, en los umbrales de la Primera Guerra Mundial solo había una manera de presentarse ante el mundo como un frente unido, y esa manera era la que denominaron "turquificación", es decir, la presentación de una identidad turca única. Para ello ese era el único modo mediante el que podría salvaguardarse el imperio. Y conforme a ello, cualquiera que no fuese turco, y ese era el caso de los armenios, se consideraba una amenaza directa para la supervivencia del Imperio otomano.

Como puede imaginarse, la campaña de "turquificación" resultó desastrosa para las minorías étnicas y religiosas del imperio; no obstante, los temores de los Jóvenes Turcos eran comprensibles en cierto modo. Las tensiones en Europa, y en todas partes, nunca habían sido tan grandes, y para un imperio en fase de descomposición una guerra mundial podía ser el golpe de gracia. Y eso precisamente era lo que se estaba acercando. Desesperados por encontrar aliados fuertes, cuando estalló la guerra en 1914, los otomanos entraron en ella del lado de Alemania y el Imperio austrohúngaro. Pero la siguiente decisión otomano resultó mucho menos comprensible, pues consistió en declarar la guerra no solo a los enemigos de sus aliados, sino también a todos los cristianos... excepto a sus aliados, claro. Para los turcos, la Gran Guerra fue algo más que una guerra por el dominio del mundo. En realidad, se trató de una guerra santa, al menos en parte.

Teniendo en cuenta que apenas se habían producido consecuencias para los que perpetraron las masacres hamidianas y de Adana, no resulta difícil de entender que los armenios se convirtieran rápidamente en algo así como el "enemigo público número uno" del Imperio otomano. Tras las rebeliones de los Balcanes y la pérdida del territorio, lo que provocó enormes problemas al imperio, los militares otomanos consideraban potencialmente peligrosos a los armenios. Pero su gobierno llevó esta consideración más allá de cualquier límite. Con las fronteras convertidas en el frente de guerra, los turcos, en lugar de centrar la atención en la defensa de su pueblo, decidió borrar del mapa a una minoría étnica.

El genocidio armenio empezó el 24 de abril de 1915, cuando cientos de intelectuales armenios fueron arrestados, encarcelados y, finalmente, deportados. Se trataba de personas de clase media y alta que participaban en la sociedad otomano como científicos, artistas, escritores y pensadores en general; lo más probable es que ninguno de ellos fuera culpable de ningún tipo de rebelión. Y sin embargo pronto se vieron obligados a realizar una larga marcha a lo largo del desierto de Siria para ser expulsados del imperio como si constituyeran una especie de infección, pese a que no suponían peligro alguno.

Durante los siete años siguientes cientos de miles de armenios serían expulsados de sus casas, pero la crueldad ejercida contra ellos no iba a terminar en la deportación. Esas personas fueron masacradas. Hasta se ordenó matar a los huérfanos indefensos, ya que el enfoque del "problema armenio" por parte de las autoridades armenias desembocó rápidamente en un intento de exterminar la etnia de una vez por todas. Pese a las tremendas persecuciones que habían sufrido a lo largo de los siglos, nunca habían conocido algo como esto.

Murieron a miles, y de todas las maneras que quepa imaginar. Fusilados durante las marchas por el desierto. Despedazados con espadas de forma espantosa para asustar a los escasos supervivientes. De hambre. A golpes. Violados. Se ha reportado un caso en el que más de cinco mil fueron atados junto a unas enormes pilas de hierba seca y quemados vivos; sus alaridos se escucharon a muchos kilómetros, en una tierra en la que sus antepasados habían vivido durante miles de años. A muchos niños se les inoculó sangre infectada de tifus. Muchos adultos recibieron sobredosis de morfina, fueron gaseados o se los hizo subir a barcos, apiñados como ganado, para después ser lanzados al mar (hubo testigos que lo pudieron ver desde la ciudad de Trebisonda). Miles de niños fueron vendidos como esclavos, a veces sexuales, a dueños musulmanes. Y aunque muchos civiles musulmanes hicieron lo que pudieron para salvar la vida de algunos armenios (algunos hombres se casaron con grupos enteros de mujeres armenias para salvarlas de una muerte cierta), otros se volvieron en contra de sus antiguos vecinos y, los mismo que sucedió en la masacre hamidianas y en la de Adana, los persiguieron y asesinaros en las calles.

En 1922 la población de Armenia había sido literalmente diezmada. Antes de 1915 había en el impero alrededor de un millón y medio de armenios. Cuando finalmente acabó el genocidio con el final de la Primera Guerra Mundial y el mundo se enteró de lo que había ocurrido, solo quedaban 388.000. Se habían eliminado las tres cuartas partes de la población. Por cada persona que quedaba viva habían muerto tres. Si una familia tenía cuatro miembros, solo había sobrevivido uno. Y los que habían quedado llevaban consigo la enorme pena por los muertos, esas tres cuartas partes de la población que ellos conocían. La herida sufrida por estas personas fue tremenda. Además, cuando pudieron volver a los lugares de los que eran originarios, se dieron cuenta de que las casas de las que literalmente les habían arrancado estaban ocupadas por familias musulmanas.

El genocidio armenio fue un capítulo de la historia que ni puede ni debe ser olvidado, pese a los esfuerzos de los sucesivos gobiernos turcos, incluso los actuales. Incluso hoy los turcos se niegan a reconocer que lo que ocurrió fue un verdadero genocidio, pese a que todos los historiadores independientes afirman que los acontecimientos ocurridos entre 1915 y 1922 opinan lo contrario, que sí lo fue. De hecho, en la Turquía de hoy es ilegal incluso explicar o publicar lo que se hizo con los armenios, y muchos países actuales, entre ellos los estados Unidos de América, no reconocen oficialmente el genocidio. El Holocausto es conocido por todos, pero el genocidio armenio es un hecho silenciado, debido en parte a la negativa turca a reconocer sus pecados históricos.

Capítulo 13 – Por fin la libertad

El general Drastamat Kanayan, conocido como "Dro", quiso ser militar desde muy pequeño. De niño faltaba al colegio y se acercaba a las barracas en las que vivían los soldados rusos, cerca de su casa. Le fascinaban sus simulacros y ejercicios, y quizá como cualquier otro niño armenio de los que vivían en un país bajo el control de una potencia extranjera, puede que algo de su fuerza y de su capacidad de control atrajera a su joven corazón. Por lo menos, a los armenios rusos no se los perseguía por su fe religiosa, como ocurría bajo la opresión otomana. No obstante, estaban muy lejos de ser un pueblo libre.

No obstante, luchar en su bando parecía una alternativa mejor que la vida civil ordinaria a la que le podría conducir su horrible desempeño escolar. Al darse cuenta de que su hijo era un desastre en la escuela, el padre de Dro lo envió a la escuela militar de Ereván. Las calificaciones del chico apenas mejoraron, pero su interés por todo lo que tenía que ver con el ejército aumentó de forma insaciable. Hacerse soldado tras la graduación fue la consecuencia natural: era lo que siempre había deseado.

Pero lo que nunca había querido de verdad era ser soldado ruso. Deseaba ser un militar armenio, tanto que se unió a un movimiento juvenil clandestino opuesto al dominio ruso. Con aquel movimiento no se logró nada, pero sí que inspiró el corazón de Dro, y en los años posteriores, que los pasó luchando en la Primera Guerra Mundial del lado ruso, no perdió esa inspiración.

Incluso hoy, en estos momentos, cuando mire los campos de batalla en los que combatió, quizá siga sin estar seguro de que estuviera predestinado al papel que le asignó la historia. Desde niño quiso luchar por su pueblo, pero nunca fue consciente del riesgo que eso iba a suponer. En las afueras de Sardarapat, a menos de treinta y cinco kilómetros de su hogar en Ereván, Dro observaba el avance de un ejército al que sabía que sus fuerzas no tenían ninguna posibilidad de vencer. Diez mil otomanos. Tres mil unidades de caballería kurda, legendaria por su habilidad y su sed de sangre. Cuarenta piezas de artillería de gran potencia y alcance que, en cualquier momento, empezarían a vomitar fuego al tiempo que los estallidos harían vibrar las montañas, sembrando la muerte entre las tropas de Dro. Eran nueve mil hombres, así que la diferencia en número no era tan alta. Pero los soldados otomanos eran veteranos y estaban bien entrenados, tras cuatro años de sangrienta guerra. Y los armenios... Dro echó un largo vistazo a sus tropas y soltó un ligero suspiro. Había un puñado de soldados de verdad, por supuesto, pero la mayoría de sus batallones estaban formados por personas normales, sin formación militar. Herreros y carniceros. Campesinos y tenderos. Los habían armado con lo poco que él y sus hombres había conseguido juntar sin apenas tiempo de reacción. ¿Cómo iba a tener esperanzas de plantar cara a los otomanos?

Miró más allá de las filas que formaban sus hombres, hacia las carreteras que conducían a Ereván, y las vio llenas de carros y de personas. A los carros iban atados búfalos de agua, asnos y mulas, y hasta las escuálidas formas de vacas lecheras sin nada que ofrecer, y los conducían mujeres y niños. Los carros iban llenos de todo lo que habían podido reunir: comida, agua, medicinas y material sanitario, utensilios de cocina que pudieran ser utilizados como armas... El corazón estuvo a punto de salírsele del pecho. Ese era el pueblo armenio. Allí estaban todos, a su lado, respaldándolo, mirando con orgullo a un ejército puramente armenio ir a la batalla por su propia gente por primera vez en muchos siglos. El pueblo lo miraba como si fuera Tigranes el Grande, o Hayk, o cualquier héroe armenio de leyenda. Un héroe que fuera capaz de reconstruir los días de gloria de Urartu y el Imperio armenio.

Dro alzó la barbilla y observó el avance de los otomanos, sabiendo que las posibilidades eran muy escasas. Pero también sabía que tenía que intentarlo. Nadie iba a ir a rescatar a Armenia.

Era el momento de rescatarse a sí mismos.

* * * *

Durante el genocidio cometido por el Imperio otomano, solo hubo una región de la Armenia histórica que podía considerarse a salvo: la pequeña franja de la Armenia Oriental que había quedado bajo el control del Imperio ruso. Pese a tratarse de una parte muy pequeña del potente país que fue en su momento, la Armenia Oriental era el auténtico corazón de la antigua tierra, que incluía al monte Ararat y a la antigua capital, Ereván. Seguía considerándose un protectorado ruso, y con el tremendo poder del ejército ruso defendiéndolo, era el único sitio al que los armenios pudieran ir sin que los persiguieran los turcos.

Mientras el genocidio continuaba sin tregua, una riada de refugiados llegó a la Armenia Oriental. Los rusos se habían quedado con la mayor parte de la tierra de la Iglesia de Armenia, y no había puesto las cosas fáciles a sus súbditos, pero al menos no habían matado a un millón de armenios. Cualquier cosa era mejor que los otomanos.

Pero a última hora, poco antes de que los bolcheviques se hicieran con el poder en Moscú, Rusia se retiró. Las tropas rusas que habían estado protegiendo a cientos de miles de refugiados en Armenia Oriental hicieron el petate y se marcharon a casa siguiendo las órdenes de los bolcheviques, dejando a los armenios indefensos frente al numeroso ejército otomano. Era mayo de 1918. La Primera Guerra Mundial prácticamente había devastado Europa, y cada país hacía lo que podía para seguir adelante y recobrar la libertad. Nadie iba a acudir a salvar a los armenios. Aunque por lo menos tuvieron la capacidad de organizarse por sí mismos.

Si la batalla de Sardarapat, que tuvo lugar en mayo de 1918, hubiera acabado de otra forma, hoy día no habría un lugar en el mapa llamado Armenia. De hecho, la etnia armenia habría desaparecido casi por completo, que era lo que los turcos pretendían. La gran mayoría de la población armenia superviviente vivía en Armenia Oriental, y si los otomanos hubieran vencido, no cabe duda de que la habrían tratado de la misma manera que a sus compatriotas occidentales. Dro y sus hombres no luchaban solo por su independencia, sino por sobrevivir como pueblo. El riesgo nunca había sido tan alto.

Pero el 28 de mayo de 1918 pasaría a la historia como el día en que Armenia se convirtió de nuevo en un país libre e independiente. Y es que ese día, un ejército armenio improvisado, compuesto en su mayoría por voluntarios sin ninguna preparación militar, trazó una línea en la tierra y dijo "de aquí no pasáis". Ese día se establecieron las fronteras de la Armenia moderna, el día que Armenia no fue salvada por los romanos, ni por los bizantinos, ni por los mongoles, sino por sí misma, por su propio pueblo, sin apenas recursos, con el orgullo herido, con la identidad a punto de ser borrada, con la población diezmada, con los aliados desaparecidos. No les quedaba nada más que un valor heroico apoyado en la fe, en la cultura, en lo que eran desde hacía miles de años. Solo les quedaba su identidad, y ese día, la identidad les bastó. Armenia tenía que mantenerse de pie sin más apoyo que ella misma. Y se mantuvo.

La batalla de Sardarapat significó el renacimiento de Armenia, un bautismo de sangre. Dro, el resto de los generales y los voluntarios, la mayoría de ellos descalzos, que los rodeaban se enfrentaron a los otomanos en las orillas del Araxes, el mismo río en el que los persas habían ahogado a miles de armenios en lo que fue un auténtico asesinato en masa de un pueblo allá por el siglo XVII. Pero ese día no iba a pasar lo mismo. Ese día cayó un número incontable de otomanos. Los armenios contraatacaron. Y vencieron.

El Imperio otomano se vio forzado a retirarse de forma desorganizada. Sus soldados huían hacia su tierra, hartos de luchar durante más de cuatro años. Armenia Oriental nunca volvería a estar bajo el dominio turco. Y mientras el genocidio continuaría en Armenia Occidental, los que fueron capaces de huir hacia las montañas de los alrededores de Ereván se salvaron. La etnia armenia se iba a mantener: no es que sobreviviera, es que prácticamente resucitó a la luz de Sardarapat.

* * * *

El 28 de mayo de 1918 se convirtió en la fecha conmemorativa de la fundación de la Primera República de Armenia. Dro fue nombrado Ministro de defensa, mientras que el general Tovmas Nazarbekian, su compañero de armas, asumió el cargo de comandante en jefe del ejército. La Primera Guerra Mundial había terminado con la derrota del Imperio otomano y de sus aliados, lo que se convirtió en el último clavo del ataúd del imperio. Algunos de sus territorios lograron la independencia, mientras que otros pasaron a formar parte de las potencias vencedoras. La República de Armenia fue uno de los que lograron la independencia, y el 30 de octubre del mismo 1918 Armenia Occidental pasó a formar parte también de la recién formada república. La antigua nación era de nuevo una sola y unificada. En 1922 el Imperio otomano dio su último suspiro, dando paso en 1923 a la República de Turquía. En todo caso, el genocidio solo cesó cuando desapareció por completo el imperio.

Durante dos años, la República de Armenia centró todos sus esfuerzos en reconstruir un país destrozado y diezmado. ¿Cómo se podía rearmar una nación en la que las tres cuartas partes de sus habitantes habían muerto? Muchos valientes voluntarios, algunos llegados de todos los rincones del mundo, empezaron a trabajar para rescatar a las mujeres y niños que habían sido raptados y esclavizados durante el genocidio y gracias a eso y a actuaciones en el interior, poco a poco, la República de Armenia empezó a tomar forma. Desgraciadamente, esta situación duró poco.

Los bolcheviques, que se habían apresurado a abandonar a su suerte a Armenia, de repente volvieron a interesarse por el territorio, ahora que era bastante más grande y que demostraba tener potencial, a pesar de la terrible devastación sufrida. La República Socialista de Armenia surgió como estructura política en diciembre de 1920 y se enfrentó a la recientemente creada República de Armenia, al igual que Rusia y Turquía. Era un auténtico *déjà vu*. Armenia volvía a estar en medio del fuego cruzado entre Turquía y la Unión Soviética, igual que lo había estado tantas veces a lo largo de la historia entre otras potencias enfrentadas. La primera República de Armenia no tenía la menor posibilidad de enfrentarse a su homónima socialista, respaldada por la potencia de la Unión Soviética. Los rusos tomaron el este y los turcos el oeste, de forma que Armenia Oriental pasó a formar parte de la URSS en 1923. Por lo que se refiere a Armenia Occidental, hoy día sigue formando parte de Turquía, y muy pocas personas de ascendencia realmente armenia viven allí todavía. El genocidio tuvo éxito en lo que se refiere a "eliminar" por completo el "problema armenio" en la zona occidental de los antiguos territorios de la nación.

Bajo el dominio de la Unión Soviética, la vida en Armenia pronto de volvió insoportable. Los turcos habían menospreciado a los armenios debido a su religión, pero los soviéticos dieron un salto cualitativo y pasaron del menosprecio a los encarcelamientos. Yosef Stalin estaba decidido a erradicar por completo la religión dentro de la Unión Soviética, lo que supuso una tremenda crueldad para muchos armenios, pues casi lo único que les quedaba después de sobrevivir a duras penas al genocidio era su fe. Incluso para algunos de ellos, la obligación de abandonar su fe era un crimen incluso peor que el propio genocidio. En cualquier caso, la llama de la fe sobreviviría, pues los cristianos se reunían secretamente para esconder su fervor de la vesania de Stalin.

Los armenios musulmanes, cuyo número era bastante significativo debido a la extensa dominación otomana, tampoco se libraron de la crueldad del terrible dictador, y la sufrieron junto a los cristianos. El 1944, muchos de ellos fueron deportados a Uzbekistán.

Pero, como ya hemos dicho en otros casos a propósito de otros imperios que en su día controlaron Armenia, la Unión Soviética no iba a durar para siempre. Pese a emerger de la Segunda Guerra Mundial más poderosa que nunca, y convertida en la mayor amenaza para la democracia y el capitalismo durante un largo periodo de tiempo que ha pasado a la historia como la Guerra Fría, la Unión Soviética empezó a declinar en el último cuarto del siglo XX. En 1991, tras más de una década de deterioro interno en varias repúblicas soviéticas y satélites, además de en la propia Rusia, cayó el Muro de Berlín, y poco después la Unión Soviética se disolvió como un azucarillo en agua, al igual que otros antiguos imperios que en su momento se habían anexionado Armenia

Los romanos, los bizantinos, los mongoles, los árabes, los partos, los persas, los timúridas, los otomanos, los soviéticos... todos ellos fueron muy poderosos, y también todos ellos pretendieron que la identidad y la historia armenias se desvanecieran. Y no obstante, este pequeño país, tras sufrir lo indecible, había logrado permanecer en pie, sobreviviendo a todos, y durante tanto tiempo que nadie podría haberlo imaginado en muchos momentos de su devenir. Y por primera vez en muchos, muchos años, Armenia era libre de verdad.

Capítulo 14 – Estudio en terciopelo

Figura V: Fotografía del monte Ararat, cubierto de nieve, desde la distancia

Serzh Sargsyan estaba nervioso, lo cual era bastante raro teniendo en cuenta que llevaba implicado en la política desde que tenía veintitantos años, es decir, allá por los 70 del siglo XX. Ahora Sargsyan era un hombre mayor, con mirada de halcón y una presencia imponente, coronada por una gran mata de pelo blanco como la nieve, y caminaba aparentando arrogancia hacia la sala de reuniones el 22 de abril de 2018. Había sido primer ministro de Armenia y también presidente durante diez años, y acababa de ser elegido de nuevo primer ministro. Seguramente, a los ojos de la mayor parte del pueblo armenio, Sargsyan no tenía nada que temer. Sin embargo, había algo en sus agudos ojos negros, en la forma en la que se estiraba el brillante traje gris, que indicaba que ese orgullo que intentaba exhalar tenía algo de impostado, y escondía un punto de temor.

Habría sido muy extraño que Sargsyan sintiera miedo a esas alturas. La habitación estaba vacía, con la excepción de un buen puñado de periodistas, cámaras y micrófonos en mano, y de un hombre de mediana edad, ligeramente regordete, vestido con una camiseta de camuflaje y una gorra de Adidas, sentado en un sillón al lado de los periodistas. Ese individuo, Nikol Pashinyan, era un donnadie desde el punto de vista político, salvo por el hecho de que había sido arrestado varias veces debido a sus escritos rebeldes, líder de un minúsculo partido político llamado Contrato Civil. También parecía algo nervioso, jugando con las correas de la mochila mientras Sargsyan se sentaba más o menos frente a él.

Sargsyan miró un instante a Pashinyan y después empezó a Hablar en un tono falsamente jovial. Agradeció a Pashinyan que finalmente hubiera accedido a reunirse con él tras varios intentos frustrados de establecer contacto. Pashinyan miraba a todas partes excepto a los ojos de su interlocutor, puede que un tanto abrumado. Hacía unas tres semanas había empezado una visita general, sin prisas, por toda Armenia, partiendo de su casa de Gyumri. Desde allí había llegado a Ereván. Estaba bastante cansado y con la ropa un poco sucia por el viaje, pero al final había logrado su objetivo, una audiencia con el primer ministro, cuya reelección se había producido en pleno viaje de Pashinyan. Solo había aceptado entrevistarse con Sargsyan para hablar de su dimisión, pero enseguida le quedó claro que su interlocutor no tenía la menor intención de dejar su cargo.

Tras agradecerle su presencia a Pashinyan, Sargsyan se volvió hacia los periodistas y les dirigió una amplísima y pretendidamente alegre sonrisa. Después le dijo a Pashinyan que no tenía muy claro cómo negociar delante de tanta gente, una disculpa que daba ciertas pistas sobre la corrupción que había caracterizado sus diez años de control del poder en Armenia.

El gesto de Pashinyan todavía era nervioso, pero le voz le salió firme y calmada.

—He venido aquí para hablar exclusivamente de las condiciones de su dimisión.

Sargsyan sonrió burlonamente. Después le dijo a Pashinyan que lo que pretendía no era realmente hablar de su dimisión, sino hacerle chantaje.

—Parece que no ha aprendido la lección del uno de marzo —espetó enfadado.

Pashinyan lo miró, y en ese momento le brillaron los ojos. Uno de marzo de 2008. El día de la elección de Sargsyan como presidente, y también el día en que se produjeron protestas y manifestaciones en Ereván, pues la gran mayoría de la gente consideraba que las elecciones habían sido fraudulentas. La policía abrió fuego contra los manifestantes y murieron diez personas. Pashinyan había estado allí; de hecho, lo arrestaron, y pasó varios años en prisión, como represaliado político. Estaba claro que las palabras de Sargsyan era una amenaza más o menos velada para los miles de personas que, en esos mismos momentos, seguían una huelga general en apoyo de Pashinyan.

—Toda la responsabilidad recae sobre usted —dijo agresivamente Sargsyan, con la intención de convertirlo en el cabeza de turco del baño de sangre que ya había decidido perpetrar para acabar de una vez por todas con la protesta—. Elija.

—Nadie puede dirigirse a nosotros con amenazas —contestó Pashinyan sin levantar la voz y con mucha calma—. Es el pueblo de la República de Armenia quien tiene el poder.

Al escuchar eso, Sargsyan soltó una carcajada.

—Un grupito que solo obtuvo un siete o un ocho por ciento en las últimas elecciones no puede arrogarse el derecho de hablar en nombre de toda la nación —dijo ásperamente.

Era verdad que el partido de Pashinyan apenas había logrado escaños en las últimas elecciones, pero él sabía que el mundo estaba cambiando. Como Sargsyan no cambió el tono agresivo, diciendo que no iba a continuar con la conversación en esos términos, Pashinyan bajó los ojos.

—Adiós entonces —dijo—. ¡Adiós! —finalizó con tono mucho más áspero.

Sargsyan le lanzó una última mirada furibunda y Salió a grandes zancadas de la habitación, dejando a Pashinyan con los periodistas, a los que se dirigió con enorme confianza. Una confianza que resultó estar justificada. Al cabo de pocas semanas, la despedida del primer ministro se convirtió en un hecho. Y sin que se disparara ni un solo tiro.

La verdad es que Pashinyan tenía razón. El uno de marzo de 2008 Armenia era demasiado novata, su independencia era muy reciente. La policía y el ejército habían disparado contra la multitud siguiendo las órdenes de Sargsyan, sin cuestionar en absoluto su autoridad. Pero los diez años transcurridos después de tan terribles sucesos habían recordado a los armenios que podían y debían hacer algo más que eso. Conforme las protestas fueron ganando fuerza e intensidad, aunque siempre de forma absolutamente pacífica, Sargsyan se fue poniendo cada vez más nervioso. En cualquier caso, los manifestantes nunca actuaron con violencia. No hubo algaradas ni saqueos, como había pedido encarecidamente Pashinyan. No se produjo el caos. A las diez de cada noche todos los manifestantes se iban a su casa, para volver a la mañana siguiente, descansados, pero igual o más resueltos, a gritar a los cuatro vientos que estaban hartos de corrupción.

Cuando Sargsyan ordenó a la policía que disolviera violentamente las manifestaciones, se dio cuenta de la fuerza de la revolución que encabezaba Pashinyan, ya que ninguno de sus oficiales le obedeció. Nadie seguía ya al líder corrupto, que supo que había sido derrotado sin paliativos. El 8 de mayo, Nikol Pashinyan, ese don nadie, se había convertido en presidente de Armenia. Las protestas que organizó fueron bautizadas como la Revolución de Terciopelo por su suavidad.

* * * *

La República de Armenia sufrió una terrible plaga de corrupción incluso desde sus primeras elecciones libres, que se celebraron el 17 de octubre de 1991. Pero en los primeros días de la república había muchas cosas y muy importantes con las que lidiar, siendo la peor de todas las guerras de Nagorno-Karabaj.

El conflicto de Nagorno-Karabaj comenzó en la lejana época de Stalin, cuando algunas franjas de la Armenia histórica se incorporaron a Azerbaiyán, en lugar de a la república a la que verdaderamente le correspondían, a Armenia. Esto provocó mucho descontento, sobre todo teniendo en cuenta lo reciente que estaba el genocidio turco, y dado que los habitantes de Azerbaiyán eran mayoritariamente túrquicos, es decir, muy similares a los turcos otomanos que tanto daño habían hecho a los armenios. En principio, la fuerza de la Unión Soviética impidió los enfrentamientos directos entre Armenia y Azerbaiyán, pues ninguna de las dos pequeñas repúblicas quería problemas con los rusos. Pero en cuanto el poder de la Unión Soviética empezó a declinar, en la década de 1980, el enclave de Nagorno-Karabaj pasó a ser motivo de ácida controversia entre armenios y azerbaiyanos. El problema no logró resolverse por vías diplomáticas, y cuando la población de Nagorno-Karabaj votó mayoritariamente unirse a Armenia en el año 1988, el conflicto estalló con fuerza en toda la región.

Durante los seis años siguientes se produjeron serios enfrentamientos entre ambos países. El colapso de la Unión Soviética en 1991, que dio lugar a la independencia tanto de Armenia como de Azerbaiyán, solo sirvió para atenuar la guerra, y continuó hasta que los dos países se encontraron divididos internamente y sin recursos. Rusia dio por última vez un paso adelante y lideró la negociación de un alto el fuego, que se firmó el 12 de mayo de 1994. En ese momento, aunque la guerra podía haberse inclinado hacia cualquier parte, Armenia iba ganando por la mano. Por primera vez en muchos siglos, la pequeña nación se había demostrado a sí misma su capacidad bélica.

Pero, en última instancia, no sería por medio de la violencia como Armenia iba a resolver todos sus problemas. Cuando estalló el descontento después de que, en los primeros años de la república, desfilaran una serie de presidentes y primeros ministros corruptos, sí que hubo algunos brotes de violencia. El primero se produjo el 27 de octubre de 1999, cuando un grupo de hombres armados entró en el parlamento y disparó contra el primer ministro, muy popular entre la gente, que intentaba acabar con la insostenible situación del país. No se salvó. El presidente, Robert Kocharyan, un corrupto desde siempre, no resultó herido, ¡qué casualidad! Las extendidas protestas de 2008 que mencionó Sargsyan de forma tan poco sutil en su brevísima entrevista con Pashinyan fueron otro ejemplo de la lucha del pueblo armenio de resolver sus problemas por vías no violentas, tras una historia plagada de ella.

En 2015 tuvo lugar otro trágico incidente, la masacre de Gyumri. No se llevó por delante cientos de miles de vidas como ocurrió con los asesinatos de hacía un siglo, pero la muerte a sangre fría de toda la familia Avetisyan, incluyendo un bebé y un niño, conmocionó a toda la nación. En todo caso, no es probable que este crimen tuviera motivaciones políticas, ya que se trataba de una familia normal. El sospechoso, un soldado ruso en edad adolescente con problemas de aprendizaje, fue enviado a Rusia para ser juzgado allí. Sus motivos aún no están claros, aunque al respecto abundan las teorías conspirativas.

Tres años más tarde, mientras estaba al frente de la nación el último y más corrupto de una serie de líderes, Serzh Sargsyan, Gyumri se convirtió de nuevo en el epicentro de los acontecimientos. Pero esta vez no hubo sangre, ni balas ni cristales rotos. No se produjeron asesinatos brutales. No hubo violaciones, ni gasificaciones o ahogamientos masivos, ni muertes por hambre. Sí que se produjeron marchas, pero esta vez de esperanza. Esta vez los que andaban no tenían a su lado soldados turcos procurando dejarlos en tal estado de debilidad que les produjera la muerte. En este caso, un armenio se puso una mochila a la espalda y empezó a andar por las calles, y cada vez lo siguió más gente, por voluntad propia. Esta vez, la gente reía y charlaba. No había silencios ominosos. Ni siquiera se arrojó una piedra.

En la Revolución de Terciopelo, los armenios tomaron el control de sus `propias vidas y de sus destinos. Y así demostraron de una vez por todas en la historia el poder del espíritu armenio.

Conclusión

Al escuchar lo que dicen los armenios de hoy en día, que solo conocen el genocidio gracias a las historias contadas por personas de hace dos o tres generaciones, es decir, abuelos o bisabuelos, se percibe siempre cierta precaución. Se trata de un pueblo que ha sufrido muchísimo, y no solo esta generación. Los armenios llevan sufriendo desde que los medos invadieron Urartu hace unos tres mil años. Han sufrido de todas las maneras que puedan concebirse, y a manos de casi cualquier imperio en el que se pueda pensar.

Y, no obstante, al mismo tiempo, cuando se los mira a los ojos o se los escucha hablar, transmiten fuerza vital. En esas miradas y palabras no hay miedo, un reflejo de la tenacidad de Hayk cuando apuntó el arco a orillas del lago Van, un resplandor de la visión que empujó a Tigranes el Grande a construir el Imperio armenio. Se trata de una tendencia innata a trabajar con denuedo. También es un pueblo que no se fía de casi nada ni nadie, porque ha sufrido prácticamente todos los males que puedan imaginarse. Y, no obstante, es un pueblo preparado para un nuevo comienzo, y que ahora se siente responsable de su propio destino.

¿Qué es lo que ha cambiado desde los tiempos de aquella Armenia descorazonada, que permitió ser maltratada alternativamente por Roma y Partia, por los bizantinos y los sasánidas, por Turquía y

Rusia? El cambio empezó a forjarse en las laderas de las montañas que rodean Sardarapat, donde un grupo de voluntarios armenios agarraron todo lo que tenían a mano que pudiera utilizarse como arma y se enfrentaron a la desesperada con los otomanos, dispuestos a invadir su tierra y seguros de que iban a conseguirlo sin esfuerzo. Y, tras el genocidio, que supuso la auténtica destrucción de un pueblo, los armenios supervivientes decidieron que ya habían llorado bastante. Pusieron en fuga a los otomanos y se dieron cuenta de que podían responsabilizarse de sí mismos.

Así, cuando Serzh Sargsyan le dijo a Nikol Pashinyan que lo que fuera a ocurrir era su responsabilidad, Pashinyan la asumió con tanta presteza y altura de miras como Drastamat Kanayan demostró en Sardarapat. Allí, los armenios se ganaron un caótico renacimiento a base de agonía y sangre. Pero, después de empezar en Gyumri a recorrer el largo camino hasta Ereván, el pueblo demostró algo mucho más poderoso, y es que una nación puede curarse y salir airosa del más devastador de todos los crímenes, de un genocidio.

Queda por ver hasta qué punto en gobierno de Pashinyan es capaz de asentar la esperanza de los armenios en su propio futuro. Pero, incluso aunque no lo logre, mirándoles a los ojos, uno tiene la corazonada de que los armenios van a sobrevivir. De hecho, lo que consigan será mucho más que la mera supervivencia. Sobrevivir fue lo que lograron durante el genocidio. Ahora, gracias a una revolución pacífica llena de esperanza y valor, conseguirán mucho más. Prosperarán.

Y así podrán demostrar al resto del mundo cómo hacerlo, contra todo pronóstico.

Fuentes

http://100years100facts.com/facts/garden-eden-traditions-located-armenia/

https://www.peopleofar.com/2013/12/02/armenia-the-forgotten-paradise/

https://bible.knowing-jesus.com/Genesis/2/type/kjv

https://www.thevintagenews.com/2019/05/08/areni-1/

https://www.thevintagenews.com/2017/06/02/the-areni-1-shoe-the-oldest-leather-shoe-in-the-world-was-found-in-a-cave-in-armenia/

https://www.atlasobscura.com/places/areni-1-cave-complex

https://www.ancient.eu/Areni_Cave/

https://www.ancient.eu/Tushpa/

https://www.livius.org/articles/place/tuspa-van/

https://www.christianity.com/church/denominations/discover-the-assyrians-10-things-to-know-about-their-history-faith.html

https://books.google.co.za/books?id=OR_PHoKZ6ycC&pg=PA67&lpg=PA67&dq=aramu+urartu&source=bl&ots=e_ZxonHPrQ&sig=ACfU3U36PTCJ0iihLc2ZZ8sNKG10USso3A&hl=en&sa=X&ved=2ahUKEwi5qMfC_-bkAhVFXRUIHfbXDikQ6AEwEXoECAwQAQ#v=onepage&q=aramu%20urartu&f=false

https://tamarnajarian.wordpress.com/2012/02/17/arame-king-of-urartu/

https://www.ancient.eu/Urartu_Civilization/

https://www.degruyter.com/view/j/jah.2016.4.issue-1/jah-2015-0024/jah-2015-0024.xml

http://bronze-age-towns.over-blog.com/2016/12/musri-or-musasir-the-city-of-mudjesir.html

https://www.britannica.com/place/Urartu

https://www.livius.org/articles/people/medes/

https://www.britannica.com/place/Media-ancient-region-Iran

https://www.ancient.eu/Cyrus_the_Great/

https://www.nationalgeographic.com/culture/people/reference/cyrus-the-great/

https://www.history.com/topics/religion/zoroastrianism

https://www.youtube.com/watch?v=lP5RqosiYQA

https://www.ancient-origins.net/history-famous-people/mithridates-vi-pontus-poison-king-pontus-and-aggravation-rome-005907

https://www.thoughtco.com/pompey-the-great-pompeius-magnus-112662

https://www.livius.org/articles/person/tigranes-ii/

https://www.ancient.eu/Tigranes_the_Great/

https://www.britannica.com/biography/Lucius-Licinius-Lucullus

https://www.britannica.com/biography/Tigranes-II-the-Great

https://www.ancient-origins.net/history/rise-and-fall-tigranes-great-king-armenia-002815

https://www.ancient.eu/pompey/

https://www.britannica.com/biography/Vonones-I

https://www.britannica.com/biography/Artavasdes-II

https://www.historynet.com/mark-antonys-persian-campaign.htm

https://www.encyclopedia.com/religion/encyclopedias-almanacs-transcripts-and-maps/tiridates-iii-armenian-king

https://www.ancient-origins.net/history-famous-people/diocletian-0010984?utm_source=feedburner&utm_medium=feed&utm_campaign=Feed%3A+AncientOrigins+%28Ancient+Origins%29

https://www.christianity.com/church/church-history/timeline/1-300/yield-or-suffer-said-diocletian-11629633.html

https://allinnet.info/news/the-goddess-of-love-and-fertility-anahit-ancient-armenia-preface/

https://www.ancient.eu/article/801/the-early-christianization-of-armenia/

http://www.iranchamber.com/history/parthians/parthians.php

http://factsanddetails.com/central-asia/Central_Asian_Topics/sub8_8a/entry-4502.html#chapter-10

https://www.livius.org/articles/person/vologases-iv/

https://www.historynet.com/romes-parthian-war-d-161-166.htm

https://www.ancient.eu/armenia/

https://www.britannica.com/biography/Saint-Mesrop-Mashtots

https://www.thevintagenews.com/2017/01/31/mesrop-mashtots-plight-for-the-armenian-alphabet-and-language/

https://www.britannica.com/topic/Armenian-language

https://armeniadiscovery.com/en/articles/mesrop-mashtots-the-creator-of-the-armenian-alphabet

https://www.deseret.com/2018/3/16/20641780/armenia-the-first-christian-nation

https://www.ancient.eu/Arsacid_Dynasty_of_Armenia/

https://www.ancient.eu/article/801/the-early-christianization-of-armenia/

https://www.thoughtco.com/war-elephants-in-asian-history-195817

https://www.ancient-origins.net/history/war-elephants-military-tanks-ancient-world-009967

https://www.ancient-origins.net/history/immortals-elite-army-persian-empire-never-grew-weak-002321

https://www.ancient.eu/image/8231/battle-of-avarayr/

https://armenianchurch.us/essential_grid/st-vartan-and-the-battle-of-avarayr/

https://www.britannica.com/biography/Saint-Vardan-Mamikonian#ref1078407

https://www.livius.org/articles/person/heraclius/

https://www.ancient-origins.net/history-famous-people/heraclius-0011027

https://www.ancient.eu/article/1207/byzantine-armenian-relations/

https://www.britannica.com/biography/Maurice-Byzantine-emperor

https://www.encyclopedia.com/religion/encyclopedias-almanacs-transcripts-and-maps/maurice-byzantine-emperor

https://www.livius.org/articles/person/phocas/

https://www.britannica.com/biography/Phocas

http://www.fsmitha.com/h3/islam04.htm

https://www.ancient.eu/Dvin/

https://www.history.com/topics/religion/islam

http://www.armenian-history.com/Nyuter/HISTORY/middle%20ages/Armenia_%20in_7th_and_%208th_centuries.htm

https://www.peopleofar.com/2019/01/05/the-forgotten-kingdom-bagratid-armenia/

https://www.peopleofar.com/2014/01/13/ani-city-of-1001-churches-2/

https://www.peopleofar.com/2012/01/28/armenian-crusaders/

https://www.medievalists.net/2011/07/the-crusaders-through-armenian-eyes/

https://www.thoughtco.com/who-were-the-seljuks-195399

https://www.ancient.eu/First_Crusade/

http://historyofarmenia.org/2017/04/23/mongols-invade-armenia/

https://www.britannica.com/biography/Levon-I

https://allinnet.info/history/levon-the-great-king-of-cilicia-the-armenian-rubenid-dynasty/

https://www.panorama.am/en/news/2016/03/07/Aris-Ghazinyan/1539066

https://www.bbc.com/news/magazine-20538810

https://www.thoughtco.com/timur-or-tamerlane-195675

https://www.britannica.com/biography/Timur

https://www.britannica.com/place/Little-Armenia

https://www.thoughtco.com/who-were-the-mamluks-195371

https://www.nationalgeographic.com/culture/people/reference/mongols/

https://www.thoughtco.com/genghis-khan-195669

https://www.theguardian.com/world/2015/apr/24/armenian-genocide-survivors-stories-my-dreams-cannot-mourn

https://www.armenian-genocide.org/adana.html

https://www.britannica.com/topic/Hamidian-massacres

https://www.history.com/topics/world-war-i/armenian-genocide

http://www.armeniapedia.org/wiki/Armenian_Soviet_Socialist_Republic

https://mirrorspectator.com/2018/05/24/the-battle-of-sardarapat-and-its-aftermath/

http://historyofarmenia.org/2017/05/28/battle-sardarabad-birth-new-nation/

http://www.panarmenian.net/eng/details/179324/

https://www.youtube.com/watch?v=cQanB0lR81A

https://www.azatutyun.am/a/26806241.html

https://www.rferl.org/a/armenians-speak-one-year-on-from-revolution/29898637.html

https://www.tandfonline.com/doi/abs/10.1080/10999922.2019.1581042?af=R&journalCode=mpin20

https://griffithreview.atavist.com/life-after-genocide

Figura I: Por www.armenica.org, cargada en en.wikipedia by en:user:Nareklm - Armenica.org, cargada en en.wikipedia: en:Image:20tigranes95-66.gif. La fuente original del mapa es: Robert H. Hewsen "Armenia: A Historical Atlas". The University of Chicago Press, 2001 ISBN 978-0-226-33228-4. Map 20 (The Empire of Tigran the Great, 95-66 BC), page 34., CC BY-SA 3.0, https://commons.wikimedia.org/w/index.php?curid=1557220

Figura II: https://commons.wikimedia.org/wiki/File:The_battle_of_Avarayr.jpg

Figura III: https://commons.wikimedia.org/wiki/File:Church_ruins_in_Ani.jpg

Figura IV: Autor desconocido – Archivo: Ravished Armenia.djvu p. 10, Dominio Público, https://commons.wikimedia.org/w/index.php?curid=18092075

Figura V: Por MEDIACRAT, CC BY-SA 3.0, https://commons.wikimedia.org/w/index.php?curid=11600921

Vea más libros escritos por Captivating History

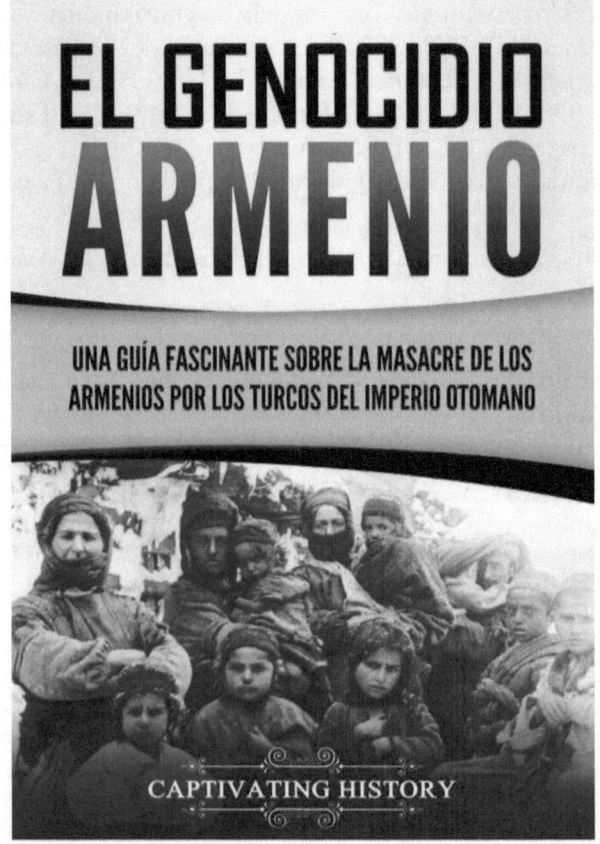

www.ingramcontent.com/pod-product-compliance
Lightning Source LLC
LaVergne TN
LVHW041643060526
838200LV00040B/1687